밀레니얼 세대가
돈 버는 법

밀레니얼 세대가 돈 버는 법

프리랜서 5년 차가 알려주는 '내 일 찾기' 프로젝트

고아라 지음

siso

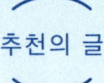

추천의 글

저자가 퇴사를 준비하던 때가 또렷이 기억난다. 또 만만치 않은 퇴사 이후 치열하게 성장하는 모습을 곁에서 지켜볼 수 있었다. 그 과정에서 체득한 현실적인 돈 버는 노하우가 밀레니얼 세대의 눈높이에 맞춰 고스란히 책에 담겨 있었다. 퇴사 이후 진짜 현실적인 이야기가 궁금한 독자에게 꼭 일독을 권한다.

— 〈게으르지만 콘텐츠로 돈은 잘 법니다〉 저자 신태순

이 책은 퇴사 전에는 보이지 않았던 것들을 미리 보여줄 수 있는 너무나 유익한 책이라는 생각이 든다. 직접 해보지 않으면 현실을 알 수 없는 게 일반적이지만, 이 책으로나마 미리 준비할 것들 그리고 나와서 어떻게 자신의 업을 찾을 수 있었는지에 대한 간접경험을 통해 여러분의 실패를 줄이고, 성공에 도달하게 할 수 있는 좋은 길잡이가 될 것이라고 생각한다.
특히나 파트4 부분은 9년 차 1인 기업가인 내가 봐도 익히고 따라 하면 큰 도움이 될 것이라 확신한다. 꼭 여러분도 함께 읽고 공유했으면 좋겠다.

— SNS국가대표 정진수 (감성컴퍼니 대표)

100세 시대이다. 수명은 길어졌지만 정년은 짧아지고 있다. 이런 세상에

홀로서기를 하지 못한다면, 내 미래는 항상 불안하다. 작가는 1인 기업에 도전하고, 자신의 영역에서 성공적으로 자리 잡았다. 그리고 열심히 자신의 경험과 노하우를 전파하고 있다. 더불어 인생2막 클래스인 '인클'에서도 중년의 홀로서기를 돕는 온라인 강의를 진행 중이다. 이 책은 고아라 작가가 홀로서기를 목표로 하는 직장인들에게 꿈을 현실로 안내해 줄 친절한 가이드가 되어줄 것이다.

– 행복주치의 단희쌤

직장에서 누구나 해볼 수 있는 고민이지만 실행으로 옮기는 것은 쉽지 않다. 또 실행에 옮겨서 자신만의 1인 기업으로서 성과를 내는 것도 만만치 않다. 책에서 저자는 자신의 산전수전 공중전의 경험을 매우 진솔하며 친절하게 안내하고 있다. 아마도 많은 이들에게 또 하나의 성공적인 삶을 알려주고 싶었을지 모른다. 1인 기업으로 독립하고 싶은 분들에게 추천한다.

– 1인기업CEO실전경영과정 주임교수 김형환

미래를 예측할 수 있다면 우리는 누구나 큰 성공을 거둘 수 있을 것입니다. 하지만 미래를 예측한다는 것은 매우 어려운 일이며, 특히 지금 같은 팬데믹의 시대에는 더욱 그럴 것입니다. 자신의 미래를 예측하는 가장 좋은 방법은 자신이 직접 미래를 만들어 가는 것입니다. 그 방법을 몰라 길을 잃고 헤매는 분들에게 이 책은 나침반 같은 역할을 할 것입니다. 이 책에서 제시하는 N극을 따라가다 보면, 여러분은 분명 행복과 성공의 종점에 다다르게 될 것입니다!

– 임문수 박사, 행동심리전문가

프롤로그

"직장을 나와 제2의 새로운 삶을 살고 싶은데 어떤 일을 해야 밥을 먹고살 수 있을지 막막합니다."

밀레니얼 세대들에게 일의 의미는 이전 세대와는 확연하게 달라졌습니다. 대의를 위해서 참고 버티는 것이 아니라 자신이 성장할 수 있는지의 비전을 중요시합니다. 미래가 불안정하니 내 길을 스스로 찾아 나서야겠다고 생각을 하는 건 매우 자연스러운 일이지요. 하지만 막상 나에게 어떤 재능이 있는지 이것을 어떻게 수익으로 연결시킬 수 있는지 현실은 매우 막막합니다. 게다가 주변에는 직장인뿐이라 조언을 구할 사람조차 없습니다.

30대를 앞두고 현타를 맞고 무작정 퇴사해서 지금은 벌써 5년 차 1인 기업, 프리랜서로 활동하고 있습니다. 그동안 직장인부터 퇴사한 분, 정년퇴임한 분들은 말할 것도 없고 주부, 초창기 1인 기업가, 프리랜서분들에게 많은 가이드를 해왔습니다. 이런 경험과 시행착오들 덕분에 이 책을 펴낼 수 있었습니다. 이 책이 조금 앞서가는 선배 혹은 후배가 알려준다는 생각으로 독자님을 도울 수 있기를 희망합니다. 적어도 홀로서기를 생각하는 시점부터 하나라도 도전해볼 수 있게 하는 데 집중하며 집필했습니다.

'거창한 사업 아이템이 아니어도 책에 소개한 사례와 질문들을 통해 쉽게 내 재능을 발견하고 수익화에 도전하실 수 있습니다.'

1부는 퇴사를 막연하게 생각하고 계신 분들이 현실적으로 생각을 정리하는 데 도움이 됩니다. 회사를 그만둔 계기부터 뭐해 먹고살지 고민하고 답을 찾은 과정을 소개합니다. 더 나아가 폭풍전야를 지나고 난 뒤 다시 회사를 바라보는 관점을 통해서 지금 이 순간을 어떻게 하면 더 잘 보낼 수 있을지를 담았습니다.

2부는 자신의 강점을 찾고 그것을 아이템으로 접목시키는 방법을 소개합니다. 흔히 말하는 '잘하는 것 좋아하는 것을 찾으라'는 막연한 이야기를 현실적으로 어떻게 찾을 수 있는지부터 그것을 강점으로 바꾸는 작업을 안내합니다. 또한 나만의 일을 찾는 소스를 외부에서 새롭게 찾는 것이 아니라, 내가 가지고 있던 숨겨진 것들 속에서 가치있게 재조명합니다. 따라서 거창한 방법이 아니라 현실적으로 작게 시작할 수 있는 아이템을 찾으실 수 있습니다.

3부는 실제로 1인 기업을 할 때 반드시 마주하게 될 마인드에 대해서 소개합니다. 분명히 자기 사업을 하다 보면 마음이 불안정해지는 시기가 옵니다. 감정의 기복이 크고 빈도수가 잦아질수록 번아웃과 슬럼프에 빠지기 쉽고 이는 곧 삶과 사업에 큰 타격을 줍니다. 추후 1인 기업이나 프리랜서 일을 하시면서 어려움에 직면했을 때 이 파트를 다시 한번 펼쳐보시기 바라요. 분명 와닿는 점이 생기실 겁니다. 제가 1인 기업가로 성장할 때 멘토님이 앞서 경험하고 해주신 말들 덕분에 현재 상태를 체크하고 어떻게 대응하면 좋은지 기준을 잡을 수 있었기 때문입니다.

마지막 4부에서는 1, 2, 3부를 거쳐 정하게 된 나만의 아이템을 브랜드화하고 차별화하는 방법을 소개합니다. 또한 나의 재능을 강의 또는 디지털화하여 판매할 수 있는 다양한 방법을 안내했습니다. 다양한 접근법을 소개하는 만큼 이 중에서 자신이 도전할 만한 것을 하나 선정하여 꼭 시도할 것을 추천드려요.

이제 막 1인 기업을 시작했지만 내가 잘 가고 있는지 헷갈리시는 분이라면 이 책으로 마음의 안정을 찾고 콘텐츠를 활용하는 아이디어를 얻으실 수 있어요. 더 나아가 퍼스널 브랜딩을 구축하시는 데 도움을 얻으실 수 있습니다. 1인 기업을 꿈꾸지만 아직 나만의 주제를 찾지 못하신 분이라면 이 책을 통해서 나만의 핵심소스를 찾고 강의나 재능을 상품화해서 온라인 판매를 바로 시작해보는 즐거움을 느끼실 수 있습니다.

창업도 1년을 버티면 잘한 거라고 말하는 요즘, 저는 아무것도 없이 회사를 박차고 나와 지금까지 프리랜서로 일을 한 지 5년 차가 되었네요. 코로나로 크게 흔들리는 산업들이 많았지만, 오히려 저는 제가 하는 일에 대해 더 확신을 갖고 경쟁력을 강화한 계기가 되었습니다. 더 이상 나의 일을 찾는 게 막연하고 헛된 꿈이 아님을 이 책을 통해서 증명하겠습니다.

목차

6   프롤로그

PART 1   드디어 회사를 때려쳤다

- 15   어차피 인생엔 정답이 없어
- 22   내가 회사를 그만둔 이유
- 28   세상에 회사 체질인 사람이 있기나 해?
- 35   달콤쌉쌀한 로망의 뒷모습
- 41   뭐 해 먹고살까?
- 46   퇴사 전에는 보이지 않았던 것들
- 52   나는 절대로 망하지 않는다

PART 2   회사 밖에서 다시 시작

- 61   나만의 강점을 찾아라
- 68   바탕화면 폴더를 뒤져라
- 74   본캐를 뛰어넘는 부캐 키우기
- 83   끝내주는 아이템 선정법
- 89   내가 가진 재능으로 돈 벌기
- 95   앞서가는 사람들의 3가지 기술
- 100   고민보다 'GO'하게 만드는 치트키

PART 3 헤매는 만큼 성장한다

- 109 실패가 즐거움으로 바뀐 이유
- 115 위기를 기회로 만드는 노하우
- 120 나만의 속도가 중요한 이유
- 126 방향감각을 잃으면 반드시 해야 할 일
- 131 초보 1인 기업가의 3가지 실수
- 137 불안한 마음이 들면 질문해보라
- 142 전문가 수준이 아니라서 고민이라면

PART 4 날고 기는 사람들과 경쟁하지 않고 살아남는 법

- 149 페르소나를 만들고 각인시키는 방법
- 155 선의가 연결고리를 만든다
- 161 경쟁자에게서 힌트를 얻어라
- 167 돈 버는 지름길, 온라인 강의 만들기
- 173 나만의 차별화된 강의 주제 찾기
- 178 실력 있는 강사로 자리 잡는 법
- 186 돈도 벌고 성장도 하는 강의의 매력
- 191 나의 전문성을 살리는 블로그 활용법
- 196 유튜브, 대단한 전략보다 빠른 시작을
- 203 자면서 돈 버는 온라인 강의 판매법
- 208 크라우드 펀딩에 성공하는 노하우
- 213 최적의 수익 파이프라인 만들기
- 219 퍼스널 브랜딩의 끝판왕, 책 쓰기

- 225 에필로그

PART 1

드디어 회사를
때려쳤다

어차피 인생엔 정답이 없어

인생을 멋지게 사는 정답을 알고 계신가요? 제가 살면서 느낀 것은 바로 인생에는 정답이 없다는 것입니다. 이런 진부한 이야기를 왜 할까 싶으시겠죠. 하지만 앞으로 드릴 메시지를 통해 누군가는 그동안 갇혀있던 프레임을 벗어나는 터닝포인트가 될 것입니다. 그럼 본격적으로 이야기를 이어가 보도록 하겠습니다.

왕년에 사업이 잘 되다가도 망해서 빚을 지는 신세가 되거나 멀쩡히 다니던 회사로부터 해고통보를 받기도 하고, 돈이 없어서 허리띠를 졸라매며 생활을 하던 무명가수가 오디션 프로그램으로 하루아침에 인생이 바뀌기도 합니다. 이처럼 평생 직장 또한 없으며, 앞으로 어떤 일을 하며 살게 될지도 장담할 수 없는 게 인생입니다.

인생에 정답이 없다면 우린 도대체 어떻게 살아가야 할까요? 어떤 일이든 부딪치고 도전하면서 나만의 정답을 찾아 나가야 합니다. 사람은 주변 환경에 영향을 쉽게 받습니다. "평소 어울리는 사람 5명의 평균이 나의 미래다"라는 말이 있습니다. 주변 직장 동료들을 보세요. 현실에 타협하고 참아가면서 살아가는지, 아니면 자신의 답을 찾기 위해 노력하며 살고 있는지를요. 누군가 이런 말을 했습니다. "회사는 꿈을 꾸지 못하게 눈을 멀게 하는 시스템을 가졌다"라고요. 인생의 귀중한 시간을 경주마처럼 채찍질을 당하며 주어진 일을 해내는 데 보내서 내 꿈이 무엇인지조차 잊은 채 살고 있습니다. 설령 꿈이 있어도 도전하는 것을 굉장히 두려워합니다. 게다가 많은 핑계를 내세우면서 뒤로 숨어버리죠.

하지만 한 번쯤은 멈춰서 자신에게 진정 원하는 것이 무엇인지 물어보세요. 원하는 게 뭔지 모르겠다면 이 삶이 내가 원하는 게 맞는 것인지 물어보는 겁니다. 그렇게 질문에 꼬리를 물고 끝까지 가다 보면 현실을 바꾸겠다는 의지가 생깁니다. 저는 평상시에 겁이 참 많습니다. 하지만 두려움의 폭풍 가운데 고요한 자신의 소리를 듣는 데 집중한다면 분명 이겨낼 수 있다는 것을 알게 되었습니다. 먼저 두려움을 깨본 사람으로서 자신의 내면의 소리에 집중할 수 있는 방법을 알려드리겠습니다.

"뭔가를 새로 시작한다는 게 두려워요."

이런 감정이 드는 건 너무도 자연스러운 현상입니다. 시작이라는 단어는 설렘과 긴장을 동시에 줍니다. 판도라의 상자가 열렸을 때 어떤 일들이 펼쳐질지 도무지 예상하지 못하는 데서 오는 감정이지요. 우선 행복하지 않은 회사생활을 청산할 수 있다는 것이 매우 기쁠 겁니다. 하지만 기쁨도 잠시 이제 진짜 혼자 힘으로 살아가야 한다는 두려움도 생기고, 무엇으로 밥벌이를 해 먹고사나 고민이 들면서 머리가 복잡해집니다. '과연 이 선택이 맞는 걸까, 회사를 더 다닌다고 내 미래가 보장되는 것도 아닌데, 이런 삶을 사는 내가 행복하지 않는데 무엇이 최선인 걸까' 하며 온갖 생각들이 머리를 뒤덮습니다. 반대로 도전하지 않았을 때 얼마큼 후회할까에 집중해보세요. 두려움보다는 명료함이 생기게 될 겁니다. 그런 다음 더 확신이 서는 길을 택하면 되는 것이죠. 돌이켜보면 처음 입사를 할 때도 내가 과연 잘할 수 있을지를 걱정하셨을 겁니다. 그런데 시간이 흐르니 자연스럽게 능숙해졌지요. 그런 것처럼 지금 시작하려고 하는 그 일 역시 분명 잘 해내실 겁니다. 당신의 시작을 두 팔 벌려 응원하겠습니다. 스스로에게도 분명 잘 해낼 거라고 얘기해주세요!

"하고 싶은 일을 해도 돈을 못 벌면 어쩌나 두렵습니다."

맞습니다. 좋아하는데 돈벌이가 안 되는 것만큼 힘든 것은 없지요. 하지만 하고 싶은 일을 하면 힘든 순간을 참고 버텨 나갈 수 있는 힘이 생깁니다. 배우들을 보면 힘겹게 무명시절을 버텨가면서 끈을 놓지 않잖아요? 만약 돈을 바라보고 일을 하게 되면 중간에 생기는 문제들에 불만을 갖기 쉽고 더 이상 버틸 이유가 없게 됩니다. 돈이 돈으로 끝나는 것과 같아요. 어느 순간엔 '왜 이렇게까지 하면서 돈을 벌어야 할까' 신세한탄하며 돈의 노예로 전락한 자신을 발견합니다. 세상에는 꼭 회사원으로 살아가는 방법밖에 없는 것은 아니에요. 충분히 다른 일을 하면서도 살아갈 수 있습니다. 정말 굶을까 봐 걱정이시라고요? 굶으면 더 절실하게 살 방법을 찾으려고 노력합니다. 예전 나의 모습에서는 전혀 찾아볼 수 없었던 절심함이 어디에선가 튀어나와 돈을 벌 갖가지 수단을 생각하기 시작할 거예요. 그리고 최대한 불필요한 지출을 줄이면서 건강한 소비패턴을 갖추게 되고 경제관념까지 생기게 됩니다. 그뿐 아니라 한 푼의 가치를 느끼는 계기가 되지요. 그렇게 다시 새롭게 얻은 기회들을 통해서 일어나게 되면서 '세상에 죽으라는 법은 없구나'를 몸소 깨닫게 되고 이 세상을 신뢰하기 시작합니다. 그때야말로 온실 속에서 착용하고 있던 인공호흡기가 아닌 야생에서 자신만의 호흡법을 터득해나가는 스스로가 더 크게 느껴질 것입니다. 자신이 만들어낸 두려움 폭풍 한가운데는 고요한 진리만이 숨겨져 있다는 것을 다시 한번 기억해주세요.

"실패할까 봐 걱정이에요."

아무리 성공한 사람도 이 생각에서 완전히 자유로워질 수 없습니다. 그러니 실패를 두려워하는 건 당연합니다. 실패를 어떻게 정의할 수 있을지는 모르겠지만, 그 어떤 예기치 못한 상황도 모든 것에서 배움을 얻을 수 있다는 것을 기억하셨으면 좋겠습니다. 제게는 직장생활이 실패였습니다. 매번 성과를 달성하지 못해서 혼이 나기 일쑤였고, 무거운 분위기 속에서 일을 해야 했습니다. 화장실을 제때 가지 못해서 난생처음 방광염이라는 것을 앓기도 했습니다. 체력은 닳을 대로 닳아서 이러다 어떻게 되겠구나 싶을 때도 있었습니다. 하지만 그 실패 덕분에 조직의 생활이 제게는 맞지 않다는 것을 알게 되고 더 적극적으로 저만의 일을 하고 싶다는 열망을 꽃피우게 되었습니다. 실패 속에는 지금의 상황을 바라볼 수 있게 브레이크를 걸어줄 뿐만 아니라 다음 단계로 가는 메시지가 담겨 있었습니다. 실패는 두려운 것이 아니라 나를 성장시켜주기 위해 나타났다는 걸 몸소 깨닫게 되었지요.

"이미 저보다 훨씬 잘하는 사람들이 많아서 걱정이에요."

충분히 그럴 수 있습니다. 저도 처음 홀로서기를 시작했을 때 그런 생각을 했습니다. 그리고 일을 하면서도 종종 그런 생각들이 올라오곤 합니다. 그런데 생각해보면 모든 사람은 저마다 색깔이 다 다릅니다. 스포츠 중계를 보더라도 SBS를 보는 사람이 있고 MBC를 보는 사람이 있는 것처럼요. 똑같이 출근길에 음악을 들어도 인디밴드의 음악을 듣는 사람이 있는 반면에 누군가는 멜론 차트 100위 안에만 들어있는 음악들을 듣습니다. 그러니 '남들보다 늦어서' 혹은' 아이템이 좋지 않아서'라는 생각보다 그저 꾸준히 해야 할 일에 집중해보세요. 꾸준히 하면서 성장하는 과정의 스토리만으로도 충분히 고객을 만들 수 있습니다. 꼭 최고가 되려고 하지 마세요. 그저 자신의 색깔을 다듬고 진하게 만들 수 있는 꾸준한 노력이 뒷받침되면 됩니다. 토익강사 유수연 님이 한 매체에서 이런 이야기를 한 적이 있습니다. "남보다 늦은 것이 실패가 아니다. 남보다 오래 노력하지 못하면 그것이 실패다. 끝까지 가는 사람만이 성공을 맛본다"라고 말이죠. 특별히 남들보다 뛰어날 필요는 없습니다. 그저 묵묵히 꾸준히 하면서 나를 응원해주는 사람들을 모아 나가면 됩니다.

혹시 하고 싶은 일이 무엇인지조차 모르겠다는 분들이 있으실 겁니다. 괜찮습니다. 저도 저만의 일을 하고 싶었지만, 퇴사를 하고 어떤 일을 할 수 있을까 찾는 데만 시간을 꽤 많이 보냈습니다. 하지만 가벼운 발상으로 강의를 시작하게 되었고,

그 시작이 지금까지 1인 기업 5년 차로 이어져 왔습니다. 막연하게 헤매도 된다는 말씀을 드리는 것이 아닙니다. 어떻게 하면 쉽게 시작해볼 수 있을지 뒷부분에서 자세하게 설명드리겠습니다. 여기서 말씀드리고 싶은 것은 하고 싶은 일이 무엇인지 몰라도 내 삶을 변화시켜보겠다는 의지만 있다면 분명 찾을 수 있다는 것입니다. 그러니 잠깐의 두려움을 무릅쓰는 용기를 가지세요. 끝으로 자신을 제3자라 생각하고 두려움에 갇힌 여러분에게 용기를 주는 한마디를 적어보는 것은 어떨까요? 그 메시지는 분명 여러분 내면의 자아에게 전달될 것입니다.

내가 회사를 그만둔 이유

'실패하더라도 의미 있는 도전을 하면서 내 삶을 개척해 나가자!'

제가 생각하는 '청춘'의 의미입니다. 청춘은 나이를 기준으로 하지 않습니다. 늦었다고 생각하는 나이에도 학위를 취득한다든지, 운동선수가 된다든지, 모델에 도전할 수 있습니다. 이런 분들을 보면 저 역시 많은 동기부여가 됩니다. 인생에서 주도권을 갖고 목표한 것에 도전하고 성취하는 이런 분들이야말로 진정한 청춘입니다. 사람들은 20대였던 저에게 '청춘이다, 뭘 해도 할 나이다. 돌도 씹어 먹을 나이다'라는 농담들을 던졌습니다. 저 역시 어린 친구들을 보면서 왜 윗사람들이 제게 그런 이야기를 했는지 알 수 있었지요. 하지만 스스로를 돌아보면 과연 청춘에 걸맞은 도전다운 도전을 해본 적이 있나 싶었습니다. 그 흔한 배낭여행조차 두려워했으니까요. 제 나름대로는 행동파라고 생각했었는데, 돌이켜보니 그저 취업을 목표로 한 스펙 쌓기 활동들이 전부였습니다. 그럼에도 마음속에는 늘 사업가가 되는 것이 꿈이었습니다. 그러다 직장을 다니고 어느새 정신을 차리고 보니 목적 없이 일만 하며 하루하루를 버티는 서른을 앞둔 제가 있었습니다.

처음부터 이렇게 일만 할 생각은 아니었습니다. 분명 세 번째 회사로 이직을 할 때는 저만의 목표가 있었거든요. 이전 회사에서는 중국에서 제품을 소싱하고 수입 업무를 배웠기 때문에 마지막으로 상품 기획 일을 배우면 회사를 그만두고 할 것이 없더라도 보따리상은 하면서 살 수 있겠다 생각했습니다. 하지만 현실은 제가 기대했던 것과 정말 달랐습니다. 소싱과 기획 일만 하는 줄 알았지만 실제로는 CS, AS, 출고 및 반품 처리는 기본이고, 매장 영업에 허덕이고, 매주, 매월, 매 분기별 매출에 대한 압박으로 정신없는 시간들을 보냈습니다. 뭘 물어봐야 할지, 뭘 배워야 할지, 뭘 개선해야 할지, 내가 뭘 잘하는지 감도 잡지 못한 채 기계처럼 일했습니다. 입사 동기는 진작 퇴사했고, 중간에 들어온 경력직들도 도망가거나 잘리기 일쑤였습니다. 오히려 기존 멤버들은 불만을 토로하면서도 타성에 젖어 꾸역꾸역 일을 해 나갔습니다. 기존 사수는 퇴사해서 일은 더 많아졌고, 그 일을 감당할 수 있는 능력조차 되지 않았습니다. 그러면서 점점 일에 파묻혀가는 저를 발견했습니다. 물론 회사에서는 이런 부분을 감안해 나름대로 시스템을 만들어 주셨지만, 점점 '일이 적성에 맞지 않는구나'만 확인할 뿐이었습니다. 그저 어떻게든 매출을 만들어내기 위해서 쥐어짜는 일들에 지쳐있는데, 특히 매주 매출을 보고하는 월요일이 지옥이었습니다. 성취감을 느끼는 것은 사치였고 계속 달려야 했습니다. 월요병은 더 심해져서 금요일부터 시간이 멈췄으면 좋겠다는 생각이 들었습니다.

어느 날 땅을 바라보며 무거운 마음으로 터벅터벅 회사에 출근하는 중 이런 질문이 내면에서 올라왔습니다. "그동안 회사에서 충분한 배움을 얻었니?" 여기에 아무런 대답을 할 수 없었습니다. "그러면 나는 왜 여기 있는 거지? 돈을 벌기 위해서? 돈을 버는 네 자신이 행복하다고 생각하니?" 잔인하게도 "행복하지 않아"라는 대답이 입에서 흘러나오더군요. "그럼 난 왜 여기에 있을까?"라는 뒤이은 질문에 망치로 한 대 맞은 것 같았습니다. 처음으로 뭔가 잘못되었구나 싶었습니다. 그렇게 하루하루 버텨가고 있을 때쯤 제 눈에 들어온 한 장면이 퇴사를 결심하게 만들었습니다.

퇴근 시간이 훌쩍 지난 늦은 시간, 축 처진 한쪽 어깨, 옆으로 꺾인 고개로 빠르게 타이핑을 치던 타부서 상사의 지친 모습이 눈에 들어왔습니다. "회사에 남아있다가는 몇 년 후에 그대로 내가 저 모습을 하고 사무실에 앉아 있겠구나!" 제 눈에 비친 그 모습에서는 어떠한 비전도 보이지 않았습니다.

"정신을 똑바로 차리지 않으면 월화수목금금금 일만 하다가 1년이 가고 서른을 넘기겠구나!"

30대가 되면 나만의 일을 하는 멋진 커리어우먼이 되어 있을 거라고 늘 상상했습니다. 그런데 정신을 차리고 보니 곧 서른이라니! 30대에 무언가를 이루려면 적어도 20대에는 다양한 시도를 해봐야 하는 것 아닐까 생각이 들면서 아무것도 해보지 않은 제 자신이 한심하고 후회되었습니다. 굉장히 불안해지기 시작했습니다. '지금이 아니면 안 돼'라는 생각이 눈덩이처럼 커져서 추석 연휴를 하루 앞두고 퇴사를 선포했습니다.

다들 놀라셨습니다. '멀쩡하게 잘 다니고 있는 것 같았는데 갑자기?'라는 반응이었죠. 회사에서는 제 마음을 잘 드러내질 않았거든요. 이미 마음을 굳혔기 때문에 신중하게 내린 결론이냐는 물음에 확실하게 대답할 수 있었습니다. 저녁도 사주시고 개별 면담을 해도 변함없는 저의 태도와 "뭘 할지는 모르겠지만 무작정 퇴사하겠다"는 이야기에 누군가는 "힘든 길을 가려고 하는구나"라는 말씀도 하셨습니다. 또 다른 분은 그렇게 용기 낼 수 있다는 것이 부럽다고 하셨습니다. 스스로 내린 선택이기에 누굴 탓할 이유도 원망도 없었습니다. 앞으로 적어도 내 인생에서만큼은 양보나 타협 따위는 하지 말자! 결심했으니까요. 이제야 당당하게 청춘이라고 말할 수 있게 되었습니다.

우연히 배우 짐 캐리가 트루먼이라는 주인공으로 나오는 영화 〈트루먼 쇼〉를 보았습니다. 마치 제 이야기 같았죠. 주인공의 인생은 마치 쳇바퀴를 맴도는 햄스터 같았습니다. 결혼을 하고 매일 똑같은 길을 걸으며 똑같은 사람들과 아침 인사를 주고받는 평범하고도 바쁜 일상을 보냅니다. 그런 그에게는 늘 '피지라는 곳에 가보고 싶다'는 열망이 있었습니다. 하지만 자신만 몰랐지 그는 이미 설계된 각본 안에서 살아야 하는 배우였기에, 이곳을 탈출하는 것은 허용되지 않았습니다. 그러다 우연히 한 여성을 만나는데, 그 여성이 여기는 현실이 아니라며 벗어나 자신을 꼭 찾으라고 언질을 주고 사라졌습니다. 트루먼은 그때부터 자신의 일상을 다시 보기 시작합니다. 매일 똑같이 반복되는 풍경들, 자신에게 아침 인사를 해오는 지인과 동료들… 너무나 똑같이 일어나는 일에 어딘가 섬뜩하고 이상함을 느낍니다. 점차 자신의 일상들이 잘못되었다는 것을 인지하게 되고 결국 과감하게 이곳을 탈출해야겠다고 결심을 하지요. 바다에서 보트를 타고 폭풍우에 죽음까지 무릅쓰며 끝을 향해 돌진하는데, 결국 그 끝은 실제 바다가 아니라 바다처럼 보이는 세트장 벽이라는 것을 알고 통곡합니다. 끝을 향해 가보니 한 방송국 PD의 욕심으로 만들어진 인간 세상처럼 보이는 세트장에서 살아온 자신의 일생이 〈트루먼 쇼〉라는 텔레비전 쇼로 방영되고 있었던 것이었습니다. 마침내 그는 이 세트장을 빠져나와 자신의 진짜 인생과 그 여인을 찾아 나서게 되며 영화는 끝이 납니다.

제가 마음속에 품고 있던 '내 일을 해보고 싶다'는 열망을 가질 때 매번 현실에서 잊게 만들고 방해하는 요소들이 나타났습니다. 열심히 스펙을 쌓아서 취업하고 월급 받다가 적당한 때에 결혼하고 언제 잘릴지 모르는 채로 사는 것이 트루먼 쇼와 다른 게 뭔가 싶었습니다. 만약 지금 나의 상황이 만족스럽지 않거나 매일이 다람쥐 쳇바퀴 돌 듯 느껴진다면, 지금의 삶을 면밀히 관찰해 보셨으면 합니다. 반복된 일상이 내가 원하는 삶을 살기 위한 방향으로 가는 길이라면 기꺼이 하지만, 그것이 아니라는 생각이 든다면 잠시 멈추고서라도 진지하게 생각해볼 필요가 있습니다. 여러분은 무엇을 위해서 반복적인 삶을 살고 있으신가요?

세상에 회사 체질인 사람이 있기나 해?

취업이 간절했던 친구 한 명이 있었습니다. 나이는 점차 먹어가고 경력은 없으니 시간이 흐를수록 취업에 불리할 수밖에 없었지요. 몇백 군데의 회사에 지원하고 열심히 면접을 준비한 끝에 한 중견기업에 입사하는 기회를 잡았습니다. 1년이 넘는 시간 동안 마음고생을 했던 친구가 굉장히 안쓰러우면서도 포기하지 않고 끝까지 해낸 모습이 정말 멋졌습니다. 종종 안부 연락을 하고 지내던 사이라 입사를 하고 몇 달이 지났을 때 어떻게 지내는지 궁금해 연락을 했습니다. 놀랍게도 친구의 목소리에는 지친 기색이 역력했습니다. 회사에서는 점점 감당하기

버거운 일들이 계속 쌓인다는 거였죠. 심지어 몇 달간의 경력으로 다른 회사에 이직할 수 있는지까지 검색해 봤다고 합니다. 하지만 겨우 친구가 기대해보는 것은 힘들어도 참고 열심히 하면 내년 연봉 협상 때 조금이라도 월급을 올릴 수 있지 않을까였습니다. 주변 직장인 친구들 역시 같은 반응이었습니다. 더럽고 치사하지만 어쩔 수 없다는 마음으로 겨우 회사에 다니고 있었습니다. 직장인에게는 미래에 대한 고민보다는 당장 월급을 조금 더 받는 것, 계약직이 아닌 정규직이 되는 것이 가장 중요한 사안입니다. 세상에 회사 체질인 사람이 어디 있답니까? 하지만 이 문구를 한번 생각해볼 필요는 있습니다.

'직장에 다닌다고 직업이 생기지는 않는다.'

〈세바시〉라는 유튜브 채널에서 한 연사님이 하신 말씀입니다. 우리는 분명 알고 있습니다. 나는 언제든지 다른 사람으로 대체될 대체품이라는 것을요. 최근 AI가 우리 일상에 가깝고 빠르게 접목되기 시작하면서 한 전문가는 이렇게 예언했습니다. 가장 빠르게 없어질 직업 중 하나는 '전화 상담원'이라고요. 그뿐 아니라 기업은 기술의 발전에 따라서 얼마든지 인간이 하는 일을 자동화할 수 있고, 직접적인 고용이 아닌 아웃소싱을 통한 간접고용을 늘려나갈 수 있습니다. 꼭 기술뿐만이 아니라 내가 없으면 안 될 것 같은 일들도 이미 충분히 다른 이들에 의해 메꿔지는 것을 경험한 분들이라면 나는 대체품에 불과하다는 사실에 충분히 공감하실 거예요. 그리고 안타깝지만 코로나로 인해서 생각지도 못했던 무급휴직과 해고통지를 받은 분들도 더더욱 나만의 직업을 가져야 한다고 생각하실 겁니다.

그렇다면 직업을 갖기 위해서는 어떻게 해야 할까요? '나는 어떤 성향의 사람인가'를 알아차리는 것이 우선입니다. 어떤 성향인지를 알면 직업의 방향성을 설정하는 데 도움이 되기 때문입니다. 중소기업 임원직에서 퇴직하시고 인생 2막을 준비하시는 50대 남성분과 대화를 나눈 적이 있습니다. 화려한 직책이었지만, 자신이 어떤 성향인지, 무엇을 좋아하는지, 앞으로 무엇을 해야 할지 막막해하시더군요. 그때 느꼈습니다. '어쩌면 이번 생을 마감할 때까지 진정한 나를 찾지 못할 수도 있겠구나. 지금이라도 나를 찾아가는 과정을 소홀히 하지 말자'라는 것을요. 만약 내가 나를 모르면 다른 이가 설계해놓은 재목으로 쓰이기 쉽습니다.

코이의 법칙이라고 들어보셨나요? 잉어의 한 종류인 코이는 작은 어항에서 5~8cm로 자랍니다. 하지만 코이를 강물에 방류하면 크기가 90~120cm까지 커집니다. 환경에 따라 성장 가능성이 달라지는 코이처럼 나를 어항에서 키우고 있는지 강물에서 자라게 하고 있는지를 생각해볼 필요가 있습니다. 그래도 만약 자신의 성향을 파악하기 어렵다면 제가 생각한 독립적인 사람에게 어울리는 성향을 참고해보셨으면 좋겠습니다.

첫째, 주어지는 일보다 주도적으로 일을 만드는 성향인가. 1인 기업가 혹은 프리랜서는 스스로 자기 부양을 해야 하는 사람입니다. 회사라면 상사가 화라도 내면서 지적을 해주고 언제까지 다시 해오라며 방향성도 짚어주지만, 혼자서 일을 하는 사람은 이런 추진력의 모터를 스스로 돌려야 합니다. 때로는 이렇게 하는 게 맞나 싶기도 하고 헷갈릴 때도 있지만 말이죠. 저는 주도적으로 일하고 싶은 마음이 간절했습니다. 회사에서 정해진 날짜에 주어진 업무들을 쳐내는 것에 항상 쫓기는 마음이 들고 감정적으로 지치더라고요. 느리지만 저만의 속도를 정해서 새로운 일을 찾아 나서고 지금 하는 일을 더 잘할 수 없을까 고민하는 게 더 행복하게 느껴졌습니다. 만약에 자신이 하는 일을 더 잘할 수는 없을까 자주 물음표를 띄워보고 실행해나가는 성향이라면 혼자서 일을 해도 충분히 재미있게 일을 만들어 나가실 수 있습니다.

둘째, 제안을 하고 소통하는 데 적극적인 성향인가. 적극적인 성향을 가지고 있으면 일을 하는 데 큰 도움이 됩니다. 나라는 사람의 브랜드를 팔기 위해서는 소비자와 소통하는 적극적인 자세가 필요합니다. 하다못해 댓글 하나를 적더라도 적극적인 사람이 더 많은 잠재고객과 소통할 수 있지 않을까요? 때로는 콘텐츠를 보고 제안이 오는 경우가 있습니다. 그때 확실하게 계약을 따내야 할 상황도 생깁니다. 꼭 내가 아니어도 비슷한 업계에 종사하는 다른 사람에게 기회가 넘어갈 수 있기 때문인데요. 그래서 나와 소통할 때만큼은 소극적인 자세보다 적극적으로 할 수 있다는 자세로 제안을 수용하는 게 필요합니다. 모든 프로젝트에는 담당자가 배치됩니다. 일을 준비하거나 진행하는 과정에서 담당자의 메일이나 전화를 이용해서 이해가 안 가는 부분이나 방향성에 대해서 소통을 하는 경우가 생깁니다. 또한 협업을 제안하거나 도움을 요청하는 일이 생길 때면 이러한 적극적인 성향이 일을 추진해 나가는 데 많은 도움이 됩니다.

셋째, 비록 만족스럽지 못한 결과가 나와도 다음 대안을 찾으려고 노력하는 성향인가. 열심히 강의를 홍보했지만 생각보다 모집이 많이 안 되어서 이번 달 매출이 마이너스가 되는 경우가 있습니다. 외부강의의 경우 주최 측의 통보로 강의가 취소된다거나 사정이 생겨서 강의를 이번에 못 듣는다고 하시는 분들이 생길 수 있거든요. 때로는 모객을 위해 수강모집상세페이지를 정말 열심히 만들었는데 신청자가 거의 없는 경우도 있어요. 이러다 이번 달은 정말 한 푼도 못 벌 수 있겠다 판단이 들 때는 사람인지라 조급해지고 불안해지기 마련입니다. 어떤 때는 이번 달 매출은 포기하고 다음 달을 대비하거나 어떨 땐 강의를 듣고 사람들의 반응이 기대치에 못 미치는 경우도 있어요. 강의를 업으로 하는 사람은 누구나 충분히 겪을 법한 일입니다. 잠시 좌절은 할 수 있지만 감정에 매몰되지 않고 대안을 찾으려고 노력한다면 분명 성장하는 계기가 될 수 있습니다. 물론 저도 처음에는 이런 상황에 힘들어하기도 했는데, 객관적으로 바라보기 위해 글을 쓰거나 명상을 하면서 감정을 분리시키며 제 자신을 조금 단단하게 만들어 가고 있어요. 만약 이런 성향을 갖고 계시는 분들이거나 혹은 '부딪치면서 배워야지'라고 생각하는 분들이라면 충분히 자신의 직업을 가질 수 있는 체질이라고 생각합니다.

넷째, 미래를 위해서 현재에 투자한다는 마음을 가진 성향인가. 퇴사 결정 여부는 현재의 시간을 미래를 위해서 투자할 수 있는가에 달려 있다고 생각합니다. 실제 독립을 한다 해도 어느 정도의 성과가 나기까지는 시간과 노력이 듭니다. 물론 바로 성과가 나오는 분들도 있습니다. 어찌 됐든 성과가 나오기까지 인고의 시간을 버티는 데는 시간과 노력을 투자할 의지가 필요합니다. 만약 그렇지 않다면 다시 안정적인 직장생활로 돌아가고 싶은 충동과 유혹이 생기게 됩니다. 전에 받았던 월급에 비하면 지금 버는 돈은 턱없이 부족할 때가 있어요. 이때야말로 직장 생활과 비교하는 게 아니라 원하는 삶을 살기 위해 지금에 투자한다 생각하고 노력하는 자세가 중요합니다.

만약 앞서 설명한 성향이 전혀 아니고 현실에 순응하는 편이라면 도피성으로 퇴사를 고려 중일 확률이 큽니다. 그럴 땐 지금 있는 상황에서 더 잘해보려는 마음을 먹어보는 것도 좋겠습니다. 하지만 이러한 독립적인 성향이 어느 정도 있다고 생각하신다면 조금은 더 용기를 가지셔도 좋겠습니다.

카카오 벤처스 정신아 대표는 몇 번의 투자의 실패 속에서 얻은 것 중에 사업모델이 아무리 좋아도 결국 이뤄내는 것은 '사람'이라고 했습니다. 빠른 학습곡선, 맨땅에 헤딩할 수 있는 기질, 힘든 시기에도 지치지 않는 그릿정신(끈기)을 가진 사람을 꼽았습니다. 사업아이템도 중요하지만 그것을 실행시키는 태도가 매우 중요합니다. 이번을 계기로 나는 어떤 자질을 갖고 있는지 한 번 더 명확히 짚고 넘어가셨으면 좋겠습니다.

달콤씁쓸한 로망의 뒷모습

　누군가를 보며 '나도 저런 삶을 살고 싶다'라는 생각을 해보신 적이 있나요? 언제쯤부터 저는 일요일이 되면 자기계발서 한 권과 수첩, 필기도구를 들고 카페로 나갔습니다. 출근이 다가오며 느끼는 '월요병'을 달래기 위한 특단이었습니다. 좋아하는 아이스 카페라테를 마시며 책을 읽고 바깥세상 이야기에 흠뻑 빠졌습니다. 특히 관점디자이너 박용후 님의 저서 〈나는 세상으로 출근한다〉를 읽고는 회사에 출근하지 않고 일을 하는, 즉 사무실 없이 일하는 '오피스리스워커'를 꿈꾸게 되었습니다. 카페 닉네임을 오피스리스워커로 다 바꿨을 정도로 말이죠. 돌이켜보니 제가 정말 그런 삶을 살고 있더라고요. 복선처럼 제게 영향을 준 또 하나의 사건이 있었습니다.

점심을 먹고 회사 사람들과 시장조사를 하기 위해 근처 서점에 방문했습니다. 외근을 자주 할 수 없었던 터라 바깥 공기를 마시는 것 자체만으로 설레었지요. 배부르고 졸려서 유독 느리게 가는 오후 2시. 서점을 가로질러 문구 코너로 가던 중 매대 끝 구석에 앉은 남성을 보았습니다. 편한 청바지에 티셔츠를 입고 카펫에 털썩 앉아서 책을 한 장 한 장 넘기고 있었습니다. 그는 온전히 자신만의 시간을 보내고 있었습니다. 그의 속사정은 본인 말고는 알 수 없지만 평일 낮에 누구의 방해도 받지 않고 책을 읽을 수 있다는 것이 진심으로 부러웠습니다. 그 후 반년이 지나고 저는 꿈꾸던 평일을 누릴 수 있게 되었습니다. 어떤 것을 동경하는 것은 그것을 이루는 데 분명 도움을 줍니다. 그러나 어떤 일이든 고충은 있기 마련이지요. 퇴사를 통해 얻은 '자유'라는 것의 장단점에 대해 그동안 느낀 점을 5가지로 정리했습니다. 절대적인 기준은 아니지만, 퇴사 후 독립생활에 달콤한 환상만 가지는 것보다는 현실적인 도움이 되기를 바라는 마음입니다.

첫째, 원하는 방향으로 일을 주도해 나갈 수 있지만 올바른 판단을 하기 어려울 때도 있습니다. 그동안 회사에서는 내 의견보다 위에서 결정된 일을 해나갔다면, 이제는 내가 스스로

도전해보고 싶은 일을 고를 수 있습니다. 하기 싫은 일보다는 하고 싶은 일에 집중할 수 있는 자유가 생긴 거죠. 그래서 일을 기획하고 추진하는 맛이 생깁니다. 하지만 자칫 혼자만의 판단에 갇힐 위험도 생깁니다. 모든 걸 혼자 생각하고 결정하고 행동하기 때문에 바른 판단이 무엇인지 놓치는 경우들도 있습니다. 그럴 때 하나의 팁을 드리자면 주변의 멘토를 찾아가 조언을 구하세요. 좁혀져 있던 시야를 확 트이게 만들어 줄 겁니다. 만약 멘토가 없다면 주변에 이런 고민을 한 번쯤 해봤을 주변 동료에게 의견을 구해보세요. 질문을 던지는 것만으로도 내 생각을 바로잡는 데 도움이 됩니다.

둘째, 혼자여서 자유롭지만 성취를 위한 동기부여를 스스로 해야 합니다. 회사로부터 해방되니 '이건 왜 이렇게 했냐, 언제 일이 마무리되냐'라는 압박이 없어서 개운했습니다. 하지만 때로는 보채는 사람이 없으니 일을 미루게 되고 게으름을 피우게 되더라고요. 때로는 누군가가 옆에서 내가 한 일을 체크해 주었으면 좋겠다 싶을 때도 있습니다. 회사는 무조건 성과를 내야만 하는 조직이기 때문에 업무의 긴장선을 떨어뜨리려고 해도 떨어뜨릴 수 없는 환경이잖아요. 하지만 쉬고 싶어도 달려야 한다는 양날의 검이 존재합니다. 처음엔 혼자서도 자기관리를 잘할 수 있을 거라고 생각하지만, 생각만큼 행동하지 못해 자책할 수도 있어요. 허나 나중에는 자연스럽게 자신의 환경 속에서 스스로 동기부여를 하는 요소들을 세팅하고 습관을 만들어 나가는 자신을 발견하게 될 테니 벌써부터 염려는 안 하셔도 됩니다. 적응이 되면 혼자 일을 하더라도 멈추고 싶을 때 또는 속력을 내고 싶을 때를 스스로 정할 수 있습니다.

셋째, 성과를 바로 내기는 어렵지만 그것을 이뤘을 때의 성취감이 굉장히 큽니다. 회사에서 프로젝트를 진행해 몇 억, 몇 천만 원의 매출을 낸 것보다 내가 만든 서비스로 단 몇만 원을 번 것이 훨씬 성취감이 큽니다. 처음 교육비로 38만 원을 현금으로 받은 적이 있었습니다. 당시의 성취감은 12시간을 꼬박 땀 흘려가며 번 돈보다도 훨씬 가치있게 느껴졌습니다. 버스를 타고 집으로 가는 내내 심장 소리가 귀에 들릴 정도였습니다. 그 일을 계기로 어떤 일도 해낼 수 있겠다는 자신감이 생겼습니다. 그런데 단번에 번 돈은 아니었어요. 정식으로 진행한 세 번째 강의에서야 처음으로 매출을 낼 수 있었습니다. 언제쯤 내 서비스를 이용해줄지는 불투명했지만 계속 시도한 덕분에 그 열정을 알아봐 주신 분이 생긴 것이죠. 당장의 성과를 기대하면 실망할 수 있습니다. 하지만 성과를 냈을 때는 이전에 느끼지 못했던 다른 차원의 희열감을 느끼며 세상으로부터의 존재감을 확실히 느끼기 시작할 겁니다.

넷째, 에어백은 없지만 자신을 단련시키는 데는 최고입니다. 목표에 못 미치는 결과가 나더라도 월급을 꼬박꼬박 받을 수 있다는 건 회사에 다니는 큰 장점입니다. 혼자서 일을 할 때는 성과가 곧 매출이기 때문에 성과가 적으면 허리띠를 더 졸라매야 하거든요. 반면에 그런 환경 때문인지, 어떻게든 늘 부족한 점을 채우려고 노력하게 됩니다. 뒷부분에서도 이야기하겠지만 강의를 하다 보면 내 자신이 어떤 게 부족한지 확연히 알 수 있게 되고 그것을 메꾸려고 더 노력하게 되거든요. 늘 자신을 체크하고 공부해나가면서 레벨 0에서 한 단계 한 단계 높여나갑니다. 반면에 회사에서는 무언가를 개선하고 더 나아지려고 하면 일을 더 많이 떠맡게 된다는 의식 때문에 부득이하게 노력을 피합니다. 나만 열심히 한다고 회사가 더 알아주는 것은 아니거든요. 홀로서기 후 겪는 시행착오들을 통해서 이 세상의 에어백은 그 무엇도 아닌 자기 자신이라는 걸 깨닫게 됩니다.

마지막 다섯 번째, 4대 보험과는 작별하고 세금과 친해져야 합니다. 직장에 다닐 때는 자동으로 세금을 정산하고 월급을 받기 때문에 4대 보험이 소중한 줄 몰랐습니다. 막상 회사를 나오고 나니 국민연금이며 국민건강보험료를 모두 번 돈에서 내야 해서 오히려 토해내는 느낌이었습니다. 물론 개인마다 느낌은 다르겠지만 저는 매달 큰 고정 지출비로 느껴졌습니다. 그래도 1인 기업을 하면서 사업자도 내보고 폐업신고도 해보고 다시 프리랜서 신분으로 활동하면서 세금에 대해 무지했던 제가 적어도 어떤 것을 챙겨야 하는지는 알게 되었습니다. 물론 돈을 주면 세무사가 다 해주는 것은 맞지만 직접 소통하면서 어깨너머라도 인지하고 있는 것과 아예 모르는 것은 다르니까요. 앞으로 독립을 하게 되신다면 국세청 홈택스(www.hometax.go.kr)와도 굉장히 친해질 겁니다. 그뿐 아니라 1인 기업가들을 위한 세무교육도 많이 있으니 더 알아간다고 생각하시면 좋겠습니다.

로망 뒤에 숨겨진 현실의 이야기가 어쩌면 무겁게 느껴질 수도 있습니다. 하지만 존 F.케네디가 한 말 중에 "모든 계획에는 위험과 그 대가가 있다. 하지만 그것은 아무것도 하지 않는 편안함에 따르는 장기적인 위험과 대가에 비하면 아무것도 아니다"라는 말처럼 이런 경험들은 여러분을 더욱 경쟁력 있는 직업인으로 성장시켜준다는 것을 잊지 않으셨으면 합니다.

뭐 해 먹고살까?

"직장에 다니고 있지만 늘 불안합니다. 그래서 직장 다니면서 이것저것 공부하며 책도 읽고 있어요."

저 역시 불안했습니다. 하지만 반대로 미래에 대한 불안이 저를 행동하게 만들었습니다. 대학교 때를 잠시 회상하면 책만 읽으면 잠들기 바빴고 서점에서 문제집 외에 다른 책을 사는 것 역시 손에 꼽을 정도였습니다. 그랬던 제가 직장에 다니면서 저의 앞날을 어떻게 살아야 할까 고민하면서부터 자기계발서, 경제경영 책들을 찾아 읽기 시작했습니다. 더 나아가 성공한 사업가들의 강연을 찾아보았습니다. 설레었습니다. 자신의 미래를 개척해 나간 분들을 보면서 나도 그들처럼 도전해보고 싶다는 마음이 점점 커졌습니다. 제게는 그 마음을 행동으로 옮기게 해준 첫 번째 책이 신태순 작가님의 〈나는 일주일에 4시간 일하고 월 천만 원 번다〉입니다. 참고로 제가 독립하고 성장하는 데에 이 책과 작가님의 영향력이 컸기에 앞으로도 곳곳에서 이 이야기를 하게 될 것 같습니다. 책을 읽고 무자본 창업이라는 것을 처음으로 알게 되었고, 카페 가입부터 시작해 닥치는 대로 영상과 자료를 찾았습니다. 그것만으로도 부족해서 퇴근 후 오프라인 강의를 들으러 갔습니다. 진지하게 '나도 창업을 시작해볼 수 있겠다'는 부푼 꿈을 안고 점심시간을 이용해 은행에 찾아가 청약 적금을 깨고 멤버십을 결제했습니다. 그렇게 멤버십 가입을 하고 첫 오프라인 세미나에 참석했을 때가 아직도 생생합니다. 도착했을 땐 이미 사람들로 세미나실이 꽉 차서 겨우 남은 맨 끝 자리에 앉았습니다. 이렇게 많은 청년들이 사업가를 꿈꾸다니! 충격이었습니다. 그리고 주위에는 이미 자신들이 하는 사업에 대해 열띤 토론이 이뤄지고 있었습니다.

    회사에 다니고 있을 때 창업할 준비는 마치고 나가야겠다는 생각이 들었습니다. 어쩌다 생각한 직장인 대상 선주문 예약 도시락사업을 해보겠다고 주변 회사 건물들을 다니면서 경비원 아저씨나 퇴근하는 직장인을 붙잡고 주로 무엇을 시켜 드시는지 시장조사를 하기도 했습니다. 그뿐 아니라 직장인 대상

영어회화 스터디를 운영해볼까 하면서 아이템을 구상하는 데 빠져서 시간 가는 줄도 몰랐습니다. 하지만 매번 준비단계에서 무너졌습니다. 퇴근하면 피곤해서 집에 가기 바빴고 주말에는 쉬기 바빴습니다. 출근 전날이 되어서야 늦게 일어나 카페로 가서 새로운 아이템을 구상하는 것에 그치는 반복의 연속이었습니다. 직장생활도 벅찬데, 내가 기업가로 잘 성장할 수나 있을까 싶었습니다. 심지어 퇴사를 하겠다는 마음을 먹고도 이런 패턴이 계속되자 조급한 마음이 들었습니다. 독하지 못한 내 자신을 보면서 과연 내가 절실한 게 맞는지, 사업에 대한 열의를 의심하기 시작했습니다. 회사에서도 신입 직원이 안 뽑힌다면서 평상시처럼 똑같이 벅찬 업무량을 쥐여주었습니다. 그렇게 한 달 석 달, 넉 달이 흐르면서 해가 바뀌었습니다.

그럼에도 불구하고 "지금이 아니면 안 돼"라며 흔들리는 저를 다잡았습니다. 지금은 여러 핑계로 준비를 미루고 있지만, 오히려 이런 상황이 길어지면 더 준비가 늦어지고 아무것도 못 하겠다는 생각이 들더군요. 그래서 스스로를 절벽으로 밀어 넣기로 했습니다. 절벽으로 몰리면 절실한 마음이 더 커져서 뭐라도 하겠지 하고요. 20대 마지막을 지체했다가는 정말 후회하겠다는 생각이 들었습니다. 그렇게 아무 준비 없이 회사를 나왔습니다. 준비 없이 나와도 괜찮냐고요? 누군가는 안전하게 준비를 다 하고 나와야 현명한 거라 말합니다. 하지만 저처럼 계속 이런저런 현실적인 방해들로 준비가 늦어진다면 현실을 리셋하고 다시 원점에서 시작하는 것도 좋다고 생각합니다. 단 몇 달이라도 더 버티면 돈이라도 조금 더 모아서 나올 수 있다고 생각하시지요. 하지만 돈을 모으는 사이 팔팔 끓어올랐던 열정이 식을 수 있고 그 열정이 나중에는 후회라는 독으로 쌓일 수 있습니다. "그때 도전해 볼걸" 하며 때를 놓쳐서 도전하는 것이 더 두려워질 수 있거든요.

신선식품 새벽 배송 전문 업체인 마켓컬리 창업자 김슬아 대표가 셀레브sellev라는 유튜브 채널에서 인터뷰한 영상이 떠오릅니다. 골드만 삭스에서 억대 연봉과 승진을 마다하고 그가 회사를 나오기로 결심한 이유가 흥미롭습니다. 승진하고 나서 첫 1년째 '무엇을 하냐'라는 질문에 '하던 일을 더 하는 것'이라고 답한 상사의 말을 듣고 더 이상 배울 것이 없다는 것을 깨닫게 되어 퇴사를 결심했다고요. 인생이라는 것은 길고 자신이 삶에 대해 무엇을 알고 깨우쳤는지가 가장 중요하다고 생각해서 그 기준을 두고 창업을 선택했다고 합니다. 덧붙여 35세에 큰돈을 많이 버는 것은 의미가 없다고 했습니다.

아직도 글을 읽으면서도 '그러다 망하면 어쩌지, 홀로서기를 했는데 내 경쟁력이 없으면 어떡하지, 직장생활만 했던 내가 기업가로 성장해 나갈 수 있을까'라는 걱정이 드나요? 그럴 땐 저마다 인생을 대하는 선택과 기준이 있으면 결정을 내리기 쉬워집니다. 저에게는 그것을 도와준 기준이 '후회'였습니다. 미래로 가서 지금의 나에게 질문을 해보는 것이죠. 과연 회사만 다니다가 20대의 마지막에 새로운 모험을 떠나지 않은 것을 후회할까? 저는 충분히 후회할 거라 생각했습니다. 훨씬 미래로 가서 80세 할머니가 되었을 때 직장을 열심히 다녔다는 이야기보다 어떤 도전을 했고 어떤 교훈을 얻었는지를 나눌 수 있는 어른이 되고 싶거든요.

만약 미래로 가서 질문을 던지는 게 힘들면 이전에 해보지 않은 것들에 대해서 후회를 한 적이 있는지 생각해보는 것도 좋습니다. 저는 취업을 준비할 당시 가서 잘못되진 않을까 온갖 상상을 하며 무섭다는 이유로 두바이 호텔리어 취직에 도전해보지 않았던 것을 후회합니다. 그때 취직을 했으면 또 어떤 미래가 펼쳐졌을까요? 적어도 지금까지 가지고 있는 영어라는 갈증 정도는 해소했을 텐데 말이에요. 비단 저뿐만이 아니라 중요한 결정을 앞두고 고민하고 계시는 분들이라면 이 기준을 스스로에게 적용해보시는 것도 좋겠습니다.

퇴사 전에는 보이지 않았던 것들

터널 시야 현상tunnel vision은 자동차를 운전하며 어두운 터널을 빠른 속도로 달릴 때 터널의 출구만 동그랗게 밝게 보이고, 주변은 온통 깜깜해지는 것을 경험하게 되는 시각 현상입니다. 눈앞의 상황에만 집중하느라 주위 현상을 이해하거나 제대로 파악할 수 있는 능력이 떨어지는 현상을 말하죠. 직장에 있을 때는 그 세계가 전부인 것처럼 느꼈습니다. 하지만 퇴사를 결심하고부터 달라졌지요. 적극적으로 책을 읽으면서 책을 쓴 저자들의 강의도 듣고 여러 커뮤니티에 가입하면서 눈이 번쩍 뜨였습니다. 왜 더 빨리 눈을 뜨지 못했을까 싶었지요. 조직을 빠져 나와 홀로서기에 적응을 하게 될 쯤에서야 단순히 직장생활에 비전이 없다는 이유로 모든 것을 부정하는 것보다 회사를 다른 관점으로 활용할 수 있지는 않았을까 하는 생각도 들었습니다. 그래서 이번 글에서는 회사를 나오고 나서야 알게 된 것들을 한번 정리해봅니다. 직장생활을 하고 있다면 더욱 현명하게 하시는 데 도움이 되었으면 합니다.

첫째, 회사에서 하는 일이 경력이 될 수 있다는 것입니다. 솔직히 말하면 회사에 다니는 처음부터 뿌리내릴 생각이 전혀 없었습니다. 직장은 평생 몸담고 있을 곳이 아니라 내 인생에서 언젠가 할 사업을 준비하기 위해서 스쳐 가는 곳이라 생각했으니까요. 그렇다고 일을 대충한 건 아니지만 겉핥기식으로 일을 배우고 밀린 업무들을 쳐내는 데 급급했습니다. 단순하게 이 분야 일이 나에게 맞지 않다고만 생각했습니다. 그제야 대학 전공이 맞지 않아 겨우 학교에 다니던 친구들의 심정을 이해할 수 있었습니다. 그런데 1인 기업을 하면서 직장인 상담을 해드리기도 하고 많은 책도 보고 주변 사례들을 보면서 회사 일을 충분히 내 경력으로 만들었을 수 있었겠구나 하는 아쉬움이 자연스럽게 생겼습니다.

점이 모여 선이 되고 선이 모여 면이 된다는 스티브 잡스의 '커넥팅 더 닷츠 connecting the dots'라는 개념이 있는데요. 즉 각각의 소중한 경험들이 쌓여 자산이 된다는 것입니다. 처음에는 머리로만 이해했는데, 나중에 다시 이 문구를 떠올렸을 때는 온전히 그 의미를 이해할 수 있었습니다. 당시에 일이 힘들고 귀찮더라도 조금 더 집중을 해볼 걸 하고 말이죠. 내가 일했던 분야만큼은 업계 시스템을 자세하게 이해해두고 거래처를 확보해두는 것이 좋았겠다는 아쉬움이 생기더라고요. 애매하게 알고 있으니 이것을 활용해서 수익화시키는 시도조차 해보지 않고 다른 분야에서만 아이템을 찾으려고 했거든요. 오히려 제대로 발을 담가봐야 '기면 기고 아니면 아니다'라는 확신이 있는데, 애매하게 배워놓으니 여운이 생겼습니다. 그러니 지금 하는 일을 단순히 나와 맞지 않아서 다른 먹거리를 찾아야겠다고 생각하지 마시고 이 분야를 활용해볼 방법이 없을까 생각해보셨으면 좋겠습니다.

 둘째, 직장인 말고 다양한 분야의 사람들을 만나보는 것입니다. 저는 독서모임을 추천합니다. 다양한 직업을 가진 분들을 자연스럽게 만날 수 있으면서도 미래에 대해 열정적으로 고민하는 사람들을 통해서 에너지까지 받을 수 있습니다. 저는 퇴사를 하고 난 후에야 독서모임들을 알기 시작하고 참여했습니다. 어울리는 부류가 달라짐을 확실히 느낄 수 있었고 긍정적인 생각을 더 많이 하게 되었습니다. 이처럼 내 주변 환경을 어떻게 세팅하느냐에 따라서 내 삶은 180도 달라질 수 있습니다. 한번 생각해보세요. 매번 직장에 대한 스트레스를 푸는 술

자리와 미래 밥벌이에 대해서 고민하고 행동하는 사람들과의 자리, 어느 것이 여러분의 삶에 긍정적인 변화를 불러올까요? 꼭 독서모임이 아니어도 괜찮습니다. 요즘은 온라인 강좌만 들어도 쉽게 커뮤니티에 속할 수 있으며 함께 공부하는 분들과 어울리기가 굉장히 쉬워졌습니다. 제가 함께 일하고 있는 자동화 수익연구소인 순간랩만 보더라도 삶의 방향성을 찾고 싶은 대학생부터 나의 브랜드를 만들어 가기 위해서 고군분투하고 있는 프리랜서이자 콘텐츠 크리에이터, 심지어 제2의 삶을 위해서 열심히 공부하시는 시니어 분들까지 다양한 사람을 만납니다. 이렇게 각각 늘 배움을 곁에 두고 자신의 삶에 열정을 가지신 분들을 만나 이야기를 나누는 시간을 가지세요. 요즘은 대부분 온라인으로 이뤄지기 때문에, 무료나 저렴한 가격으로도 정말 많은 강좌나 모임에 참석할 수 있습니다.

셋째, 적당히 마음 써도 괜찮다는 것입니다. 저는 월차, 연차를 쓰는 것에 굉장히 눈치를 많이 봤습니다. 회사 분위기도 한몫했지만 저 스스로 피해 주는 것을 싫어하다 보니 늘 신경이 곤두서 있었습니다. 합법적으로 쉬는 것도 마음이 늘 불편했죠. 혹시나 또 급한 일이 생기지는 않을까, 나의 빈자리 때문에 다른 사람이 피해 보지는 않을까 늘 초조했습니다. 그런데 어차피 내가 없어도 누군가는 그 자리를 채워 줍니다. 회사와 연결된 신경의 전원을 깔끔하게 끄고 진정한 쉼을 가지세요. 다음 날 누군가 나 대신 일을 봐줬다면 고맙다고 음료수 하나라도 사주면 그만입니다. 또한 배려가 지나치다 보니 마무리를 잘 해야 한다는 생각 때문에 신입을 구하고 인수인계를 해주는 데까지 5개월이 걸렸습니다. 물론 다들 바빠지는 하반기라 연말 정리와 다음 연도 기획을 해야 하고 새해 워크숍까지 많은 일이 있었지만, 너무 배려한 나머지 긴 시간이 흘러버렸습니다. 해를 넘기고 도저히 안 되겠다는 마음에 곧 회사를 떠나겠다고 적극적으로 이야기를 했을 때서야 후임을 구해주셨지요. 남에게 피해를 주고 싶지 않다는 지나친 배려심으로 정작 가장 돌봐야 할 나의 행복을 미루지 않았으면 합니다.

넷째, 나와 마주하는 시간을 갖는 것입니다. 바쁘게 채찍질을 당하며 앞만 보고 달려가는 직장인의 삶에 녹아있다 보면 스스로 질문하는 것을 잊고 삽니다. 느리게 걷지 못하는 것은 물론이고 하늘을 바라보고 감상할 여유조차 없습니다. 이런 삶에 스며들게 되면 정작 혼자가 되었을 때 여유가 생겨도 무엇을 해야 할지 모르는 상황이 생깁니다. 외부의 환경에 의해서 브레이크가 걸려야 겨우 스스로를 돌아보는 시간을 가질 뿐이죠. 오늘도 바쁘게 살았다고 위안을 삼는 것이 중요한 게 아닙니다. 단 10분이라도 자신을 마주하는 시간을 가지세요. 그 시간만이 자신이 폭풍우 속에 갇혀 있었다는 것을 깨닫게 해줄 수 있습니다. 하루를 마감할 때 일기를 써보는 것을 추천드립니다.

일기를 쓰다 보면 당장은 모르지만 이전의 기록들을 보면서 요즘 무슨 생각을 하며 살고 있는지 관찰할 수 있게 됩니다. 그리고 그것이 쌓이다 보면 내가 정말 해야 할 일, 하고 싶은 일들을 인지하게 되고 방향성을 찾아 나가는 데 분명 도움이 됩니다. 오늘 있던 일들, 떠올랐던 생각들 모두 좋습니다. 자유롭게 적다 보면 훨씬 더 빠르게 나 자신을 찾게 될 거예요. 유튜브를 보면서 웃다가 잠드는 것이 아니라, 폭풍 같았던 하루를 잠재우는 일기를 통해서 미래지향적인 삶을 살아보는 것은 어떨까요?

나는 절대로 망하지 않는다

회사에서 미팅을 할 때는 명함에 적힌 소속과 직함으로 자신을 설명합니다. 이렇게 업무로 맺어진 관계는 각자의 능력을 떠나 회사를 대신할 뿐입니다. 반면에 회사를 나오고 나면 어느 관계에서나 주체는 나 자신이 됩니다. 다시 말해 회사에서는 회사업무로 누군가를 만났다면 독립 후에는 자신이 운영하는 콘텐츠에 대한 관심사로 만남이 성사되곤 합니다. 때로는 나의 영향력으로 누군가의 인생에 큰 변화를 주기도 하고, 당장 어려움에 처한 사람을 도울 수도 있습니다. 또 때로는 나의 영향력을 통해서 회사에 자문을 해주기도 하고 진행하는 강의에 대한 입점을 논의하기도 합니다. 개인이지만 나 자신이 곧 회사의 대표가 되는 셈이지요. 더군다나 자신만의 콘텐츠가 명확하고 그 전문성이 깊어질수록 훨씬 더 많은 제안과 기회를 잡을 수 있습니다. 특히나 1인 기업가는 자신이 브랜드 자체이기 때문에 훨씬 더 다양한 사람들에게 노출시키기 위해 온라인으로 자신을 표현하는 콘텐츠를 만드는 데 굉장히 능숙해져야 합니다. 실제로도 SNS를 다루는 능력이 왜 중요하고, 팔로워 규모가 얼마나 영향력이 있는지 제가 경험한 것을 바탕으로 소개하겠습니다.

요즘 많은 곳에서 능력을 검증하는 최소한의 조건을 팔로워 1,000명으로 전제를 두고 있습니다. 유튜브도 광고를 게시할 수 있는 최소한의 조건으로 구독자 1,000명에 누적 시청시간 4,000시간을 기본으로 해두었고 최근엔 구독자 1,000명 이상인 채널들을 대상으로 집중교육을 해주고 있습니다. 이뿐 아니라, 팟캐스트와 같은 네이버 오디오클립 역시 운영자들에게 매달 지원금을 주는데 전제는 청취자 1,000명 이상이어야 가능합니다. 최근에 중소벤처기업과 CJ E&M에서 개최하는 글로벌 셀리스트 아카데미Global Sellist Academy에 지원을 해서 해외를 겨냥한 커머스 교육을 들었습니다. 역시나 SNS 팔로워 1,000명 이상이 필수조건으로 포함되어 있었습니다.

구글이며 네이버, 정부 기관에서 SNS 팔로워를 평가의 기준으로 두었다는 것은 그만큼 콘텐츠를 다루는 능력을 중요하게 여긴다는 걸 엿볼 수 있습니다. 즉 좋은 직장, 학벌이 아니더라도 SNS를 통해서 충분히 자신을 증명할 수 있는 시대가 되었다고도 해석할 수 있습니다. 감사하게도 SNS를 통해서 퍼스널 브랜드를 구축하고 비지니스화하는 것은 독립한 프리랜서에게 자연스러운 일입니다. 또한 연차가 늘어나고 경험을 쌓을수록 온라인 콘텐츠를 다루는 능력을 자연스럽게 개발할 수 있습니다. 혹시 직장인이라면 회사에서 능력을 인정받는 것도 중요하지만, 회사를 나왔을 때 한 개인 브랜드로서 인정받기 위해 지금부터 자신만의 SNS 계정을 미리 키워나가는 것을 권장합니다.

저는 현재 책쓰기 코치로도 활동하고 있습니다. 재미있는 것은 출판사 측에서 글을 잘 쓰는 사람보다 더 중요하게 생각하는 것이 바로 작가의 SNS 활용 능력이라는 점입니다. 출판사는 돈을 들여서 작가에게 투자했지만, 책이 팔리지 않으면 손익분기점을 넘기지도 못하고 마이너스가 되기 때문이죠. 대부분의 작가는 책을 내고도 1쇄를 넘기지 못하고 활동을 마무리 짓는데요. 그만큼 출판사도 투자자의 입장으로 바라볼 수밖에 없는 현실입니다. 그래서 작가가 얼마큼의 팬을 보유하고 있는지, 얼마큼 적극적으로 책 홍보를 할 수 있을지 가늠하는 척도로 SNS 팔로워뿐만 아니라 콘텐츠 발행주기나 온라인에서 사람들과 소통하는 부분을 면밀히 살핍니다. 팔로워가 있다는 것은 그만큼 사람들에게 퍼뜨리는 입김이 세다고 느끼나 봅니다. 그래서 요즘은 회사에서 SNS의 영향력을 가진 직원의 눈치를 본다는 말이 나올 정도이죠. 안 좋은 사건은 온라인에서 순식간에 해당 기업 제품의 불매운동으로 퍼질 수 있기 때문에 그만큼 온라인 사용자들의 시선에서 벗어나기가 어렵게 되었습니다. 요즘은 그런 시대입니다. 다시 말해 온라인에서나 SNS에서 활동하는 범위가 커진다는 것은 내 힘 또한 커진다는 것과 같습니다. 1인 기업은 매일같이 콘텐츠를 쌓고 온라인에서 활동하기 때문에 시간이 지날수록 스노우 볼 효과_{Snow Ball}(어떤 사건이나 현상이 작은 출발점에서부터 점점 커지는 과정을 비유적으로 이름)처럼 자신의 영향력을 키워나가는 것이 수월해집니다.

직장인의 경우 다른 회사 직원들과 교류하고 소통하는 기회가 흔치 않습니다. 사회에서 동아리나 그룹스터디 같이 다른 활동을 해야만 만날 수 있는데요. 1인 기업가나 프리랜서의 경우엔 자신의 콘텐츠를 열심히 구축해 나가는 사람일수록 주변에 응원해주고 더 끌어주려고 하는 사람들을 만날 수 있습니다. 더 잘될 수밖에 없는 구조로 말이죠. 그리고 협업을 통해서 더 큰 시너지를 얻을 수 있는 것도 프리랜서라 가능합니다. 1인 기업으로 꾸준히 활동하다 보니 제가 만날 수 없었던 대단한 분들을 만날 수 있는 기회들도 생겼습니다. 가게 사장님부터 중견기업 임원직에 계시다가 퇴직하신 분, 개발자, 스타트업 창업자, 연예 및 정치계 브랜드 전략을 담당하시는 퍼스널 브랜딩 전문가, 기업 광고 자문을 해주시는 콘텐츠 마케팅 전문가, 유명 유튜버, 작가 등등 많은 분을 만나 이야기를 나눌 수 있었죠. 주변에 만나는 사람을 바꾸면 내 삶이 그쪽으로 흘러가듯이 1인 기업을 하게 되면서 열심히 자신의 분야에서 갈고닦으며 노력하시는 분들을 만날 수 있었습니다. 그러면서 저 역시 삶을 바라보는 시야가 넓어졌고, 지금 가는 길의 방향성을 더 나은 쪽으로 조금씩 잡아가고 있습니다. 회사 선배에게서 배우는 인생보다 무에서 유를 일궈낸 사람들에게 배우는 것이 진짜 배움이 아닐까요?

　준비가 되면 스승은 나타난다는 말처럼 자신의 분야에서 열심히 해보려고 하면 주변에서 손을 내밀어 주는 기회들이 생깁니다. 그리고 자신의 영향력이 짙어질수록 그만큼 더 좋은 기회들, 더 능력 있는 사람들과 일할 기회가 생기죠. 성장 동력이 알아서 달라붙습니다. 하지만 직장은 다른 것 같습니다. 일을 잘하면 연차가 늘어나고 직함과 월급이 올라갈 뿐이죠. 회사를 나오면 다시 0에서 시작할 수밖에 없습니다. 하지만 1인 기업은 단순한 SNS 운영자라는 의미를 넘어서 콘텐츠 기획, 제작, 소통, 영업, 퍼스널 브랜드, 마케팅을 총괄하는 능력을 키우게 됩니다. 이는 생존하기 위해서 길러지는 스킬인데요. 점점

이 기술을 익히면 지금 하고 있는 분야의 콘텐츠 말고도 다른 분야를 새로 시작한다고 해도 금방 속력을 낼 수 있습니다.

그렇다고 지금 당장 1인 기업을 해야 한다는 부담감으로 받아들이지 않았으면 좋겠습니다. 지금부터라도 자신만의 콘텐츠를 준비해야 한다는 것을 인지하는 것만으로도 충분합니다. 또한 반드시 1,000명의 팔로워를 목표로 하지 않아도 좋습니다. 저의 경우엔 블로그를 시작한 초창기에 글 몇 편 쓴 게 전부지만, 제 강의를 듣는 사람들이 생겼습니다. 또한 유튜브 구독자 300명일 때 회사 광고 제안을 받은 적이 있습니다. 숫자가 중요한 것은 아닙니다. 어떤 플랫폼이든 자신의 주된 관심사에 대한 생각을 기록하고 공유하는 것만으로도 부가가치를 창출할 수 있습니다. 독서를 좋아한다면 책만 읽는 것이 아니라 그것을 계속 기록으로 남겨 추후에 출판사에서 도서협찬을 받을 수 있게 되거나 자신만의 독서모임으로까지 이어질 수 있게 되는 것처럼 말이죠. 그러니 콘텐츠 재테크를 한다 생각하고 자신의 취향에 맞춰 채널을 키워나가는 연습을 해보세요. 이런 훈련이 쌓이면 회사 밖에서 혼자여도 절대 망하지 않습니다.

PART 2

회사 밖에서
다시 시작

나만의 강점을 찾아라

'가치 있는 성과와 최적의 기능을 할 수 있도록 느끼고 생각하고 행동하는 역량.'

포털사이트에 심리학 용어로 정리된 '강점'의 정의입니다. 즉 성과와 최적의 기능을 하게 만들려면 행동을 수반해야 합니다. 이를 제가 경험하고 느낀 것으로 해석하자면 다음과 같은 공식이 만들어집니다.

장점 × 도구(또는 수단) = 강점

장점을 캐치하고 그것을 표현할 수 있는 도구와 수단을 활용하면 성과를 내는 데 가까워지는 강점이 됩니다. 무엇보다도 강점을 스스로 잘 알고 활용하는 사람이야말로 자신을 더욱 매력적으로 만들어 줄 뿐만 아니라, 서비스나 상품을 구매할 수밖에 없는 명분을 만들어 줍니다. 그러나 안타깝게도 강점을 찾아야 한다고 생각하면 남들보다 굉장히 뛰어난 독보적인 실력만을 생각합니다. 특히나 자신을 드러내지 않고 겸손이 미덕이라 여기는 한국인의 특성상 자신의 강점을 찾기란 더욱 어렵습니다.

카페 허밍의 조성민 대표가 배민아카데미에서 자신이 백종원 님의 강의를 들은 이야기를 언급한 적이 있습니다. 강의에서 그는 사람들에게 이렇게 물었다고 합니다.

"성공한 음식점에서 맛이 차지하는 비중은 몇 퍼센트나 될까요?"

사람들은 '90% 혹은 100% 맛이 전부'라고 대답했습니다. 하지만 백종원 님은 "맛은 30%고 나머지는 분위기가 그 가게의 성공 여부를 결정한다"고 말했다고 합니다. 우리가 전부라고 생각한 맛이 불과 30%이고 어쩌면 사소하게 생각할 수 있는 분위기가 70%나 차지하는 것입니다. 분위기라면 친절한 서비스나 사람들이 또 오고 싶게 만드는 작고 사소한 요소들이 해당 될 겁니다. 그러면 나의 강점을 만드는 분위기는 무엇일까요? 그것은 뛰어난 실력이 아닌 우리가 평소 미처 생각하지 못한 작은 장점들을 찾는 것에서 출발합니다. 자신의 장점을 쉽게 찾아보고 그것을 나의 도구에 입히는 방법을 3가지로 정리해봤습니다.

첫 번째, 나부터 들여다보는 것이 어려울 때는 다른 사람의 사소한 장점을 바라보는 것부터 시작합니다. 저는 순간랩에서 팀원들과 함께 '콘텐츠 습관 만들기 한 달 코스'라는 프로그램을 진행하고 있습니다. 참여하시는 분들의 대부분이 나만의 콘텐츠를 만들고는 싶은데 아직 시작이 두렵거나 시작을 해보기는 했지만 잘하고 있는 건지 방향성을 못 잡고 계신 분들입니다. 한 달간은 동료들과 선생님들의 응원과 용기를 받으며 콘텐츠를 만들어 보는 훈련을 합니다. 훈련과정에서 본인이 몰랐던 재능과 장점을 자연스럽게 발견합니다.

한 분은 외국인을 위한 한국어 교육 콘텐츠를 만들고 싶어 하셨습니다. 시작하기 전에는 자신이 영어는 할 줄 알지만 원어민처럼 잘하는 것도 아니고 발음도 정확하지 않아서 안 좋은 피드백을 받으면 어쩌나 자신이 없으셨는데요. 친구들의 응원을 받고 시작한 유튜브 콘텐츠는 굉장했습니다. 외국어 실력이 보이는 것이 아니라 그가 재미있고 익살스럽게 영어 연기를 하는 분위기가 돋보였습니다. 시작 초기부터 외국 분들에게 '정말 사랑스럽다'라는 칭찬의 댓글들을 받기 시작했습니다. 그의 순수하고 유머러스한 모습이 실력을 뛰어넘는 장점이 되었습니다.

그뿐만 아니라 성실함이라는 장점을 가진 분도 계셨습니다. 마스크 사업을 준비했던 분은 동료들의 응원 속에 매일 아침마다 미세먼지와 날씨를 안내해주는 유튜브 콘텐츠를 발행하며 친구들에게 긍정적인 영향을 주기도 합니다.

또 다른 한 분은 주변 친구들에게 격려를 잘 해주며 말 한 마디 한 마디가 위로가 되는 분이셨습니다. 평소 글쓰기를 좋아하셔서 짧은 일상적인 글에서도 따뜻함이 묻어나와 읽는 이들에게 힐링을 주고 계십니다. 이렇게 작은 부분도 장점이 될 수 있다는 것을 느끼게 되면 자신의 장점을 찾아내는 데 큰 기준을 두지 않고 인색하지 않을 수 있습니다. 단, 여기서 비교하는 마음보다는 각각의 특색이 다 다름을 인정하는 마음이 중요합니다.

두 번째, 다른 이의 시각으로 본 장점을 허투루 흘려보내지 않는 것입니다. 누군가 무심코 꺼낸 칭찬을 그냥 쑥스럽게 지나치지 말고, 잘 기억했다가 나의 장점 리스트에 추가하는 것입니다. 직장에 다닐 때 회사 파트너들을 대상으로 호텔 연회장에서 크게 설명회를 한 적이 있습니다. 강단에 서서 마이크를 들고 제 파트를 열심히 설명했을 뿐인데, 한 선배가 '노량진 강사' 같다는 우스갯소리의 농담을 한 적이 있습니다. 그때 처음으로 느꼈죠. 사람들 앞에서 말하는 재능이 있구나 하고요. 퇴사하고 가장 처음 시도했던 것도 바로 강의(수단)였습니다. 사람들이 무심코 던지는 이야기를 대수롭지 않게만 들어도 자신의 장점을 반드시 찾을 수 있습니다.

코로나 이전에는 매달 스터디 카페 공간을 빌려서 강의를 하고 수업을 마친 후에 개별 상담을 할 때였는데, 강단에 서는 모습이 참 잘 어울린다는 이야기를 들은 적이 있습니다. 그래서 지금도 꾸준히 강의를 하면서 장점을 살리는 연습을 하고 있습니다. 언젠가 더 큰 무대에 설 수 있는 준비를 하려고 말이죠. 만약 무심코 지나쳤다면 이쪽으로 더 개발할 생각을 하지는 못했을 겁니다.

여러분은 평소 어떤 칭찬들을 받으시나요? 목소리가 좋다, 사람을 편안하게 대한다, 잘 웃는다, 칭찬을 잘한다, 책을 많이 읽는다, 인간성이 좋다, 절약을 잘한다 등등 주변으로부터 듣는 주의를 기울인다면 내가 원하는 길을 조금은 더 빠르게 찾을 수 있을 겁니다. 만약 그런 칭찬을 못 들어본 것 같아도 괜찮습니다. 서로 응원하고 칭찬할 수 있는 주변 환경을 만드는 것도 하나의 좋은 방법이니까요.

세 번째, 단점을 살짝만 바꿔도 장점이 됩니다. 때로 단점에 지나치게 집착하다 보면 이 세상 사람들이 모두 다 자신보다 잘나 보여서 마치 육체는 있지만 자아는 없는 것처럼 느껴집니다. 그래서 수업 때 수강생분들과 단점을 장점으로 바꾸는 연습을 했더니 자신을 바라보는 관점이 많이 바뀌는 것을 발견했습니다. 그래서 이 책에서도 그 방법을 공유하겠습니다. 우선 종이와 펜을 꺼내어 자신이 생각하는 단점을 모두 적어봅니다.

'게으르다, 눈치를 많이 본다, 친구가 별로 없다, 말을 잘 못한다' 등등 있는 그대로 편하게 자신이 생각하는 단점들을 적어보세요. 그런 다음 이것을 장점으로 바꿔봅니다. '단점이 있지만 그것이 장점이 된다'라고 해석해봅니다.

'게으르지만 한번 일을 할 때 굉장히 집중도가 높다.'

'눈치를 보지만 분위기 파악이 빠르고 민첩하다.'

'친구가 별로 없지만 한번 인연을 맺은 사람들과는 깊게 사귄다.'

'말은 잘 못 하지만 대신 상대방의 말을 잘 듣는다.'

어떤가요? 이렇게 단점이라고 생각한 것도 뒤집어 보면 장점이 숨어있습니다. 이 작업을 하면 단점이 아닌 장점에 더 초점을 맞춰 그것을 더 활용하는 데 집중할 수 있습니다. 이제 마지막으로 이렇게 찾은 장점들을 더 강력한 힘을 발휘하는 강점으로 바꾸는 방법을 소개하겠습니다.

멘토님께 상담을 요청하러 노트북을 들고 약속 장소로 찾아갔습니다. 당시 마인드맵을 잘 활용하고 있었기에, 상담받고 싶은 내용에 대해 정리하고 분석한 마인드맵을 보여드렸습니다. 설명을 다 마쳤을 때 처음 해주셨던 말씀은 조언이 아니라 '분석과 정리를 잘한다'는 칭찬이었습니다. 얼떨떨하긴 했지만 그것을 제가 활용하는 강의 방식에 접목시켜 보았습니다. 1인 기업가가 되고 싶은 분들을 위해서 마인드맵으로 자신의 장단점 분석부터 경쟁자 분석 및 벤치마킹하는 방법에 대해 알려드리는 강의를 열었던 것이죠. 그리고 제 강의를 홍보하는 수강모집 상세 페이지에 분석과 기획력을 저만의 강점으로 강조하기도 했습니다. 제 장점의 분석력을 마인드맵이라는 도구 또는 강의라는 수단과 엮어 강점으로 만든 것이죠.

분석력 × 마인드맵 (혹은 강의) = 강점

그뿐 아니라 분석력이라는 장점과 PPT라는 도구를 합쳐 경쟁력 있는 출간제안서를 만든 덕분에 출간 계약까지 할 수 있었습니다. 그것을 하나 더 활용해서 지금의 인세 받는 출간작가 되기(인세 코스)라는 책쓰기 프로그램에서 동료들의 출간제안서를 피드백하며 좋은 결과를 만들 수 있도록 돕고 있습니다.

카페 허밍의 조성민 대표는 멘토에게 이런 가르침을 얻었다고 합니다. 레드오션 속에서도 강의를 듣거나 책을 읽고 사람을 만날 때 가끔 그 사이에서 블루오션의 틈을 발견할 수 있다고 말이죠. 이처럼 여러분이 발견한 장점들을 여러 도구나 수단으로 연결해보는 노력을 하다 보면 분명 여러분만의 블루오션을 발견할 수 있습니다. 주변과 일상에서 발견할 수 있는 장점들을 하나씩 리스트로 적어보는 것부터 시작하는 것은 어떨까요?

바탕화면 폴더를 뒤져라

"바탕화면을 뒤진다고 뭐가 나오겠어?"

특히 직장인이라면 '회사업무로 가득 찬 파일밖에 없는데 이걸로 뭘 어떻게 하라는 거지?'라는 생각이 들 수도 있습니다. 하지만 이번 글에서 이야기하는 방법들은 직장인도 충분히 활용 가능한 방법이라는 것을 먼저 말씀드립니다.

흔히 우리가 바탕화면에 저장하는 것은 결국 필요에 의한 기록의 행위입니다. 다시 말하면 언젠가는 다시 사용할 수도 있는 자료라는 것이죠. 가끔 컴퓨터 파일을 정리하다 보면 예전 기록들이 눈에 들어옵니다. '이때 이런 프로젝트를 했지, 예전에 내가 이런 일들에 몰두했었구나' 하고 심지어 새롭기까지 합니다. 묵혀둔 정보도 어떻게 구성하느냐에 따라서 충분히 가치 있는 자료가 될 수 있다는 걸 아시나요? 평소 일기나 아이디어를 메모해 놓은 적이 있다면 그 노트를 우연히 보았을 때 분명 지금 봐도 도움이 되는 글귀나 정보들을 발견한 적이 있을 겁니다. 그 정보들을 수요자와 매칭만 해준다면 하나의 상품을 만들 수 있습니다. 아무것도 아닌 것 같지만 나의 밥벌이가 되어줄 수 있는 콘텐츠가 될 수 있으니 하나쯤은 꼭 시도해 보세요. 그러면 내 폴더에 있는 정보를 활용하는 3가지 방법을 안내해 드리겠습니다.

첫째, 평소 자주 사용하는 양식이 어떤 이에게는 업무 스킬을 높이는 훌륭한 도구가 됩니다. 회사에서 대부분 많이 사용하는 프로그램 중 하나가 엑셀입니다. 회계부터 자료정리까지 다양하게 활용합니다. 내 폴더에 있는 엑셀 양식만으로도 판매상품이 될 수 있습니다. 실제로 크몽이라는 재능플랫폼에서 '엑셀'이라고만 검색해도 여러 상품이 나옵니다. 가장 기본적인 유형은 수식이 들어간 엑셀 양식입니다. 특정 업무에 사용하는 수식이 들어간 엑셀 파일 중에 해외 환율, 관세까지 고려한 수출 마진 계산 양식을 판매하는 경우도 있고, 총무를 위한 회비 및 예산 관리 및 급여 대장을 관리하는 양식을 판매하기도 합니다.

다음 유형으로는 엑셀의 기본적인 기능을 익히는 기본 교육을 판매하기도 합니다. 단 몇 시간 만에 엑셀 기본 수식들을 마스터할 수 있도록 가르치는 대가로 돈을 받습니다. 또 다른 유형으로는 소비자의 업무를 자동화시켜 주는 맞춤형 엑셀을 만들어 주는 외주 작업을 판매합니다. 실제로 한 지인은 회사에서 마케팅 업무를 하다가 퇴사를 하고 프리랜서로 전향해 마케팅 관련한 유튜브를 하면서 크몽에서 회사에서 배웠던 마케팅에 관한 전자책과 개인 컨설팅을 판매해 활동 범위를 넓혀나가고 있습니다. 스타트업에 종사하는 한 분은 회사를 다니면서 탈잉이라는 사이트에서 엑셀 자료를 판매해 부수익을 얻기도 합니다.

두 번째, 자신이 알고 있는 업계의 정보가 일반 소비자들에게는 도움이 되는 정보가 됩니다. 〈한국 부자들의 오피스 빌딩 투자법〉의 민성식 저자는 무료로 나누어줄 메뉴얼 정도로 자신의 업무 노하우를 체계적으로 정리했는데, 업계에서 이렇게 정리된 책이나 정보가 많지 않다는 것을 발견하고는 책을 출간했고, 그 이후로도 꾸준히 집필을 통해서 자신의 브랜드를 확고하게 만들어 나갔습니다. 〈아무튼 출근〉이라는 예능 프로그램은 각 업계에 종사하시는 분들의 일상과 업무 과정들을 공유합니다. 당사자에게는 지극히 평범한 일상이 시청자들에게는 굉장히 흥미롭게 다가옵니다. 누군가는 그 직업이 궁금해서 업계의 정보를 더 알아보길 원할 텐데요. 그런 분들을 위해서 본인이 일하고 있는 분야를 소개하고 구체적인 정보들을 제공만 해주어도 작은 시장을 개척할 수 있습니다. 하지만 어떤 정보를 제공해야 할지 막막하다면 다음의 2가지 팁을 소개하겠습니다.

첫 번째로 신입사원을 위한 인수인계 자료를 만든다고 생각해보세요. 처음 회사에 들어왔을 때 기초적으로 어떤 업무를 해야 하고 업계의 현황을 어떻게 분석하는지, 그다음으로 어떤 양식들을 쓰는지 등등을 카테고리별로 나누어서 설명할 수 있을 것 같습니다. 이것을 정리하면 책으로 만들어질 수 있고, 조금 요약하면 강의안으로도 사용할 수 있겠지요. 그리고 이 내용들을 조금씩 블로그 칼럼으로 풀어내면서 꾸준한 콘텐츠 발행을 하면 해당 분야의 퍼스널 브랜드까지 구축할 수 있습니다.

두 번째는 주변 친구나 지인들이 자신의 업계에 대해서 자주 묻는 질문들을 모아서 정리해보세요. 예전에 저작권 관련한 일을 하시는 수강생분께서 자신의 퍼스널 브랜드를 만들기 위한 콘텐츠를 고민하고 계셨습니다. 그런데 자세히 일상을 관찰해보니 주변 친구나 지인들이 저작권에 대한 법률이나 상담을 자신에게 많이 요청해오는 것을 발견했고 그 질문들을 정리해서 다양한 콘텐츠를 만들 수 있도록 솔루션을 드렸습니다. 주변에서 많이 물어보는 질문들만 모아도 해당 분야의 입문서를 만들 수 있으니 어떻게 활용하느냐는 본인 선택에 달려 있습니다.

세 번째, 그동안 모은 파일들을 새로운 콘텐츠로 재탄생시킬 수 있을 뿐 아니라 좋은 강의안을 만드는 데 도움이 됩니다. 평소 웹서핑을 하거나 일을 하면서 틈틈이 저장한 기록들이 있을 겁니다. 각자마다 참고하려고 캡처한 사진 또는 인스타그램에서 저장한 게시물, 보도자료, 즐겨찾기에 모아둔 각종 웹사이트 주소들, 좋은 글귀들 혹은 아이디어들을 메모한 에버노트 같은 정리 앱 등등이 있을 텐데요. 이런 기록들은 강의안을 만들 때 훌륭한 레퍼런스가 됩니다. 기존에 강의 파일을 한 번이라도 만들어 봤다면, 그동안 모아둔 자료들을 더 추가하고 보완해서 더 업그레이드된 강의를 만들 수 있습니다.

한 수강생은 자신이 평소에 다양한 앱들을 사용하는 것을 좋아해서 핸드폰에 정말 많은 앱을 설치했습니다. 그래서 우리가 잘 몰랐던 앱을 소개하고 사용방법, 꿀팁 등을 소개하는 큐레이션 역할로 브랜딩을 만들어 나가보는 것으로 솔루션을 드렸습니다. 편집을 사용하는 데 자주 쓰는 프로그램이 있다면 사용법을 가르치는 강사가 될 수도 있겠지요. 이처럼 여러분이 현재 가진 폴더는 충분히 새로운 가치창출을 할 수 있는 좋은 소스가 됩니다.

대부분의 사람은 자신이 가진 것보다 가지지 못한 것에 집중을 많이 합니다. 그래서 바깥으로 새로운 것을 찾아 헤매죠. 하지만 내가 이미 가지고 있는 것들을 재조명하고, 내 일상과 내 일터를 다시 돌아본다면 분명 나의 부캐 더 나아가 본캐를 키워줄 보석이 존재한다는 것을 잊지 않았으면 합니다. 기존에 본인 위주로 소비했던 정보들을 이제는 다양한 아웃풋으로 만들어 보는 계기가 되었으면 합니다.

본캐를 뛰어넘는 부캐 키우기

'한결같은 사람이 좋다'라고 하지만 부지런한 사람도 때로는 게으른 면이 있고, 어른스러워 보이는 사람도 누군가의 앞에서는 개구쟁이로 변하곤 합니다. 이처럼 사람마다 다양한 성향을 내재하고 있는데요. 개인적으로 부캐를 친근감 있게 느낀 건 MBC 〈놀면 뭐하니?〉라는 프로그램 덕분이었습니다. 본캐인 유재석 씨가 다양한 부캐로 등장하는데 어찌나 재밌던지 유일하게 챙겨보는 토요일 예능 프로그램이 되었습니다. 트로트 가수인 유산슬 역, 하프연주가인 유페르우스 역, 드럼 연주가인 유고스타 역, 라면집 사장인 라섹 역, 치킨집 사장인 닭터유

역, 노래 제작자인 지미유 역, DJ 유DJ뽕디스파뤼 역. 처음에 부캐가 어색하던 유재석 씨였지만 점차 그 캐릭터와 한 몸이 되어 갔습니다. 심지어 시청자들까지도 캐릭터 변신에 대해 재미와 기대감을 느낍니다.

    요즘은 일반인들도 여러 부캐를 키우는 재미를 갖고 있습니다. 예를 들면, 회사에서는 직장인이지만 회사 밖에서는 바리스타로 활동한다든지 하면서 말이죠. 또한 부캐 전용 SNS 계정을 따로 운영하기도 합니다. 집단마다 보여주고 싶은 모습이 다른 우리의 심리를 부캐에 잘 담아서 이용할 수 있게 된 것이죠. 이처럼 요즘 부캐는 때와 장소에 따라 드러내고 싶은 인격을 설정하여 내 안의 여러 자아를 당당하고 매력적으로 뽐낼 수 있게 도와줍니다. 그뿐 아니라 나의 성향과 취향, 더 나아가 나 자신에 대해서 입체적으로 관찰할 수 있다는 장점까지 있습니다.

    흔히 스스로 자신이 어떤 사람인지조차 잘 모르는 경우가 정말 많은데요. 그때 자신을 관찰할 수 있는 좋은 방법으로 여러 상황에 자신을 놓아보고 어떤 상황에서 어떤 행동을 하는지 인지하고 관찰합니다. 그러면 평소에 무의식적으로 한 행동들을 유심히 보게 되고 이럴 때 행복감 또는 성취감을 느끼고 '이런 환경은 기피하는구나' 하는 의외의 모습들을 알아차릴 수 있습니다. 부캐는 여러분이 많은 상황에 자신을 노출할 수 있는 환경을 주도적으로 만들기 때문에 자신을 관찰하는 게 더 쉬울 수 있습니다. 특히 어떤 캐릭터로 활동할 때 내가 더 행복감을 느끼는지 쉽게 알아차릴 수 있는 것처럼 말이죠. 이렇게 부캐가 생기면 오히려 기존에 가지고 있는 본캐가 소중해집니다. 왜냐면 유재석 씨의 본캐인 MC 유재석이란 중심이 없다면 다른 부가적인 캐릭터는 그렇게 빛을 발하지 못할 테니까요. 부캐가 재밌어지면 본캐 역시 재밌게 운영할 수 있습니다. 그렇게 선순환 구조가 되다 보면 현재의 삶을 조금 더 입체적으로 살 수 있게 됩니다. 그런 의미에서 부캐 키우기는 하나의 인격체를 넘어서 자신의 여러 면모를 시험해 볼 수 있는 아주 좋은 기회가 됩니다. 만약 지금 제가 회사로 돌아간다면 저는 다음의 3가지 방법으로 부캐를 키울 것 같습니다.

첫 번째, 사이드 판매 프로젝트입니다. 처음엔 자신이 어디에 소질이 있고 재미를 느끼는지 모릅니다. 그리고 별로 기대하지 않았던 부분에서 성과가 나거나 재미를 느끼는 경우도 생기죠. 성과를 기대하고 시작하는 것보다는 여러분이 재밌게 해 볼 수 있는 일을 찾아보세요. 제가 첫 직장에 다닐 때는 주말을 빌려 동대문에 가서 액세서리를 떼어다가 팔찌를 팔았습니다. 뭔가 팔아보고 싶다는 호기심에서 시작했습니다. 무작정 동대문에 갔습니다. 둘러보니 옷은 자신이 없고 부피가 작은 액세서리를 가볍게 팔아보자는 아이디어가 떠올랐습니다. 손님이 많은 몇 곳의 상점을 둘러보고 가장 친절하게 대해주시는 사장님 가게에서 소량의 샘플을 사왔습니다. 그리고 문방구에서 검은색 하드보드지를 사서 제품이 사진에 잘 나오도록 뒤 배경을 만들고 판매할 액세서리를 핸드폰으로 촬영했습니다. 사입하는 게 어렵다면 요즘은 쿠팡 파트너스 같이 위탁판매도 가능합니다. 배송, 사입, CS 필요 없이 자신의 해석을 담은 콘텐츠를 통해 구입 링크를 홍보하기만 하면 됩니다. 여러분이 자주 사용하는 제품 중 콘텐츠로 만들고 싶은 제품을 선정해서 쿠팡 파트너스 링크를 인스타그램, 블로그, 페이스북 등에 올려 가볍게 판매를 시도해보세요. 쿠팡 파트너스는 유튜브 검색만 하면 많은 가이드 영상이 나오기에 따로 상세한 이용방법에 대해서는 언급하지 않겠습니다.

만약 제품 판매가 어렵다면 여러분의 경험을 판매할 수 있습니다. 온라인 강의나 전자책을 판매하면 됩니다. 먼저 크몽이나 탈잉, 클래스톡 같은 재능판매 플랫폼을 둘러보세요. '나도 이건 할 수 있겠다, 이런 내용은 나도 알고 있는데' 하는 부분이 있다면 그것을 벤치마킹해서 자신만의 색깔을 담아 판매해보는 겁니다. 가계부 템플릿, ppt 템플릿, 명함 디자인 등 정말 다양한 상품이 판매가 된다는 것을 직접 눈으로 확인해보세요. 그리고 이 중에서 여러분이 도전해보고 싶은 분야를 선택해 시작해보세요. 호기심으로 가볍게 시작하는 것이 중요합니다. 시작부터 무겁다면 끝을 아는 뻔한 게임을 하는 것과 같으니까요.

그다음은 지금 당장 부캐를 키워보기가 선뜻 겁이 나는 분들을 위해서 제안하는 방법입니다. 배우고 싶은 분야를 지금 당장 수강하세요. 직장인은 여유가 없고 피곤하다는 것을 누구보다 잘 압니다. 하지만 1인 기업, 프리랜서로 생존하고 있는 현실에서 직장인에게 해주고 싶은 조언은 마치 연인들에게 있을 때 잘하라는 말을 하는 것과 비슷한 것 같습니다. 다 때가 있다는 말처럼 어쩌면 직장에 다니는 시기는 생계와 생존이라는 위험지대에서 벗어나 안전한 울타리 안에 있는 것과 같습니다. 금전을 조금이라도 유동적으로 사용할 수 있을 때 여러분의 실력을 미리 키워두세요. 직장에서 독립한 후 돈을 내고 공부하는 건 출혈이 더 크게 느껴집니다. 배움에도 부담이 생기거든요. 사내 복지로 공부에 대한 지원을 해준다면 적극 활용하실 것을 권장합니다. 책이든 강의든 여러분이 관심 가고 배우고 싶은 분야를 적극 공부하세요. 만약 그런 제도가 없다면 나라에서 지원하는 내일배움 카드로 국비지원교육을 활용해보세요. 적게는 50%부터 많게는 70~80%까지 환급해주는 프로그램이 많습니다.

이것이 부담된다면 도, 시, 군 자치센터 홈페이지를 들어가면 생각보다 회원가입만 해도 무료교육을 받을 수 있는 프로그램들이 많습니다. 어디까지나 관심을 갖고 찾아보기만 한다면 손쉽게 찾을 수 있는 내용들입니다. 만약 찾기가 어려우시다면 여러분이 살고 있는 도시의 시청에 전화를 해서 무료로 교육받는 프로그램이 있다면 알려달라고 하셔도 정보를 얻을 수 있습니다.

그뿐 아니라 작가의 책을 읽고 그 작가가 진행하는 강의에 참여해보면서 바깥 세계의 시야를 넓히시길 바랍니다. 앞으로는 직장인들 역시 자신의 능력을 검증할 수 있는 또 다른 무언가가 있어야 합니다. 경쟁력을 갖추고 더 나아가 직장을 나와서 홀로서기를 하고 나를 찾아오는 고객이 생기게 만들려면 지금부터 여러 분야를 습득해서 안전한 에어백이 되어줄 수 있는 부캐를 만들어야 합니다. 한번 상상해보세요. 직장인 고아라에서 주말엔 유튜버 고아라 또는 프로그래머 고아라가 되어보는 것은 어떤가요? 생각만 해도 매력적이지 않나요? 이제부터는 안테나를 바깥 세계에 집중할 수 있도록 배움에 투자해보시는 것은 어떨까요?

마지막 세 번째 방법은 콘텐츠 제작 스킬을 키우는 것입니다. 두 번째와 첫 번째를 연달아 함께 할 수 있는 방법이기도 합니다. 요즘은 기업도 소비자와 콘텐츠로 소통하고 있을 정도로 콘텐츠를 제작하는 능력을 인정받을 수 있는 조건이 되었습니다. 콘텐츠를 의미하는 것은 여러 가지가 될 수 있습니다. 글, 이미지(사진), 오디오를 활용해서 영상, 오디오 음원, 카드뉴스, 전자책, 칼럼, 홍보 포스터, 배너 등을 만들어 내는 것이 모두 콘텐츠를 제작한다고 할 수 있습니다. 기업뿐만 아니라 1인 기업가에게도 콘텐츠 제작은 생존에 필수적인 요소입니다. 왜냐하면 1인 기업이 자신을 홍보하지 못하면 매출 타격으로 바로 이어지기 때문이죠. 만약 1인 기업으로 독립하고 나서 콘텐츠를 제작하는 것을 익히고 있다면 자리를 잡아나가는 과정, 준비하는 과정에 더 큰 에너지를 소모하게 됩니다. 하다못해 강의안을 만드는 것도 하루가 꼬박 걸리는데 제한된 시간 안에 홍보 콘텐츠까지 만들고 공유해야 하는 상황이라면 최대한 빠르게 제작할 수 있는 능력이 크게 도움이 됩니다. 그뿐 아니라 계속 콘텐츠를 만드는 훈련을 한다면 똑같이 카드뉴스를 만들어도 이전과는 사뭇 다른 구매 전환율을 높이는 콘텐츠를 만들 수 있는 단계까지 갈 수 있게 됩니다. 독립 후 0에서 시작하는 것보다 이렇게 미리 콘텐츠를 제작하는 데 익숙해지는 연습을 해놓으시면 추후 여러분의 부캐를 키우는 데 큰 추진력이 되어줍니다.

그렇다면 무엇으로 콘텐츠를 만들고 어느 채널에 콘텐츠를 올려야 하나 고민이 될 수 있는데요. 우선 위에서 이야기한 호기심 또는 관심사에서 출발하는 것이 좋습니다. 만약 발행하는 주제에 대해 흥미가 없다면 콘텐츠 발행도 쉽게 중단되기 때문이죠. 짧게라도 블로그나 인스타그램에 여러분이 나누고 싶거나 알려주고 싶은 것부터 공유해 보세요. 또는 콘텐츠를 만드는 과정에서 들었던 느낀 점이나 생각나는 것을 짧게 적어보셔도 좋습니다. '누가 볼까 봐 혹은 누가 욕할까 봐'라는 걱정은 할 필요가 없습니다. 사람들은 생각보다 내 콘텐츠에 관심이 없으니까요. 오히려 관심을 못 받아서 서운함을 느끼는 분들이 더 많습니다. 우리가 콘텐츠를 만드는 목적은 잘나 보이려는 것이 아니라, 발행에 익숙해지는 훈련을 한다는 것임을 잊지 마세요.

그림 그리는 것을 좋아한다면 SNS 계정을 만들어서 그림을 계속 업로드해 보세요. 춤추는 것을 좋아한다면 틱톡이나 인스타그램 릴스 혹은 유튜브 숏츠로 춤 영상을 공유해보는 것도 좋습니다. 그 외에 여러분이 첫 번째, 두 번째에서 배우고 도전하는 과정을 콘텐츠로 기록하는 연습을 같이 하면 그 과정에서 여러분을 지지하고 응원해주는 온라인 동료들도 만나게 됩니다. 그렇게 응원을 받다 보면 지속하는 힘이 생기기도 하고 더 흥미를 느껴서 발전시키고 싶은 마음도 자연스럽게 생기게 되죠.

〈게으르지만 콘텐츠로 돈은 잘 법니다〉의 신태순 작가님이 저자 만남 강의에서 '콘텐츠 중력'이라는 표현을 쓴 적이 있습니다. 그 뜻은 콘텐츠가 쌓일수록 힘이 커져 그에 관련한 제안과 기회들을 더 많이 끌어당길 수 있다는 것인데요. 실제 저 역시 콘텐츠가 쌓일수록 다양한 전문가를 만날 수 있는 명분이라는 게 생기고, 새로운 제안들을 받을 수 있었던 만큼 콘텐츠 파급력을 신뢰하게 되었고 꾸준히 콘텐츠를 쌓아가는 데 집중하고 있습니다.

여러분은 가볍게 배우거나 부캐로 시도해 보고 싶은 분야가 무엇인가요? 더 나아가 앞으로 부캐를 키워나가는 성장기록을 공유한다면 어떤 채널에 업로드하실 건가요? 편하게 생각해보고 여러분의 부캐를 스케치해보세요.

끝내주는 아이템 선정법

"정말 아무것도 모르는 일반 직장인입니다. 저도 주제를 잡아서 저만의 브랜드를 갖고 싶은데, 대체 무엇을 팔아야 할지 막연하고 재능도 딱히 없는 것 같아 여러모로 고민이 많습니다."

충분히 그럴 수 있습니다. 저 역시 퇴사를 하고 열심히 강의를 듣고 다니면서 다른 사람들은 쉽게 아이템을 찾아서 속도를 내는 것 같은데 무엇을 어떻게 해야 할지도 몰랐기 때문입니다. 심지어 퇴사를 결심하고 난 후부터는 주말마다 매번 사업 아이템을 고민하며 스케치했고, 퇴사 후에도 계속 아이템에 대한 고민만 6개월을 했습니다. 처음에는 각종 창업 관련 책을 읽으면서 혁신적이고 거창한 사업아이템을 찾아야 한다고 착각했습니다. 블루오션을 찾는 데 집중하고 비즈니스 모델부터 진행 단계 등을 스케치하고 구상하는 데만 시간을 쏟았습니다. 하지만 시간이 지나고 1인 기업을 시작하게 된 배경은 결코 이런 스케치나 머릿속에서 구상했던 모델이 전혀 아니었습니다. 정말 가볍고 재미있게 첫 단추를 꿰게 된 것이죠. 이런 제 경험을 빗대어 여러분들도 쉽게 찾고 시작하실 수 있도록 3가지를 안내하겠습니다. 물론 이 방법이 절대적인 정답은 아닐 수 있습니다. 다만, 여러분이 기존에 가지고 있던 무거운 생각들을 버리는 데 도움이 될 수 있도록 아이템보다 '콘텐츠 주제'라는 관점에서 참고하면 좋겠습니다. 우선 이 글을 읽는 분들의 고민을 크게 3가지 유형으로 나누었습니다.

1) 지금 하는 일 말고 새로운 일을 하고 싶습니다. 어떤 아이템을 선택하는 것이 나에게 맞을까요?

2) 가지고 있는 경험은 많은데 어떻게 시작해야 할까요?

3) 하고 있는 콘텐츠는 있지만, 비전이 안 보입니다. 다른 것을 선택해야 할까요?

이제부터 각 고민에 맞는 해결책입니다. 자신에게 대입해볼 수 있는 방법이 있다면 적용해보세요. 첫 번째, 새로운 일을 찾는 분들께 추천하는 방법은 '믹스하기'입니다. 단, 믹스하기 전에 종이를 펼쳐놓고 3가지 리스트를 적어보세요. 첫째, 좋아하는 것. 둘째, 잘하는 것. 셋째, 요즘 관심을 갖고 들여다보고 있는 것. 이 3가지 중 2가지 이상을 섞어 하나의 아이템으로 만드는 것입니다. 사소한 것이라도 모두 적어보셨으면 좋겠습니다. 주의할 것은 자신에 대해 인색하지 않아야 합니다. 칭찬을 받은 기억이 있다거나 남들보다 조금 더 달려드는 분야가 있다면 그것 역시 잘하는 것이 되는 것이죠. 예를 들면, 남들은 떨려서 발표를 엄청 기피하는데, 떨리지만 그것을 하기 좋아한다면 '좋아하는 것'에 포함시키세요. 만약 해외에서 살다 온 사람처럼은 아니라도 외국인과 일상 대화 정도는 할 수 있는 정도라면 영어를 하나도 못 하는 사람에 비하면 잘하는 것이 되겠죠. 이처럼 완전히 입문자에 비해서는 잘한다는 판단이 서면 잘하는 것에 포함시키세요. 다음은 제가 아이템을 선정하지 못했을 때 처음 스케치했던 내용입니다.

좋아하는 것 : 발표하기, 외국인이랑 대화하는 것

잘하는 것 : 중국어

요즘 관심 분야 : 책 쓰기, 창업

이것을 섞어서 처음으로 시도했던 것이 바로 '외국어 공부하면서 전자책 만들기' 강의였습니다. 당시에 중국어를 더 잘

해보고 싶다는 마음에 중국 창업가에 대한 공부를 하고 있었고, 다음 단계로 발전시켜 관심 분야인 책 쓰기를 접목해 정리한 내용을 전자책으로 만드는 연결고리를 만들었습니다. 그런 다음 제가 좋아하는 '발표'를 살리는 강의라는 도구에 접목시켰습니다. 물론 공식처럼 하나씩 대입해보는 것이 조금은 딱딱하고 어려울 수 있지만, 사업아이템을 생각하는 것보다는 훨씬 쉬운 접근입니다. 수강생 중에 목소리를 장점으로 가진 분이 그림책에도 관심이 있어서 아이들을 위한 동화책 읽어주는 콘텐츠로 오디오 채널을 개설했는데 콘텐츠를 올리자마자 좋은 반응을 얻은 사례도 있었습니다. 이렇게 콘텐츠에 반응을 얻게 되면 그다음 비즈니스 모델을 가지치기하는 것은 쉬워집니다. 그러니 여러분도 3가지 중 2가지 이상을 믹스해서 가볍게 시작해보세요.

두 번째, 가지고 있는 경험은 많은데 이 중에 어떤 것을 시작해야 할지 모르겠는 분들을 위한 해결책으로 '일부만 다루기'를 추천합니다. 이미 해당 분야의 프로세스를 알고 있다면, 이 중에 더 집중할 부분을 콘텐츠 주제(비즈니스 모델)로 잡는 것입니다. 이것은 아이템을 차별화하는 방법도 될 수 있는데요. 제가 책 쓰기 코치로 활동할 때, 서비스에 대한 제한을 두지 않기도 했고 더 돕고 싶은 마음에 출간에 대한 모든 프로세스를 다 서비스하게 되었습니다. 책을 기획하는 단계는 물론이고, 편집부터 디자인 선정, 마무리 출간 등록까지 전 과정을 케어했습니다. 전 과정을 도와주기 때문에 소비자에게 더 매력이 있을 거라 생각했지만 혼자서 커버하는 데 한계가 있었고, 그 과정에서 서비스에 소홀한 부분도 생겼습니다. 결국엔 기획 단계인 전반부 작업에 집중하는 서비스를 만들었습니다. 덕분에 더 특화되고 차별화된 서비스를 제공할 수 있게 되었습니다. 여러 경험이 있다면 그중에서 지금 당장 시도해볼 분야를 하나 고르고, 그것의 전 과정을 나열해보세요. 그런 다음 그중에 어떤 부분을 특정적으로 다뤄볼 것인지 찾아보세요.

세 번째, 하고 있는 콘텐츠가 있는데 별로 빛을 보지 못하고 있다면 '비틀기'를 시도해 보시길 바랍니다. 지금 하는 것을 조금만 바꾸면 새로운 모델을 만들 수 있습니다. 최근 홈쇼핑에서 매출을 크게 낸 애견 미용 청소기라는 제품이 있습니다. 청소기 기능과 똑같은데 먼지를 흡입하는 부분을 털을 깎는 기계와 연결시켜 잘려 나온 털이 바로 청소기로 흡입될 수 있도록 만든 것이죠. 물론 크기는 작아졌습니다. 청소기라는 기존에 있는 제품을 비틀었더니 애완견 미용 청소기로 재탄생한 것이죠. 실제로 비즈니스에서는 이런 사례들이 굉장히 많습니다. 살짝 방향을 다른 곳으로 전환했을 뿐인데 새로운 시장을 만들 수 있는 것이죠. 앞서 이야기한 청소기처럼 소비자 군을 비틀어 바꿀 수도 있고, 기존에 똑같은 배송을 하는 것보다 새벽배

송으로 승부를 건 마켓컬리처럼 판매방식을 바꿔 볼 수도 있을 겁니다. 또한 배달의 민족이 오프라인 전단지 시장을 온라인으로 가져온 것처럼 서비스 기반을 바꿀 수도 있습니다. 다른 산업들이 어떻게 비틀었는지 참고해보는 것도 여러분의 콘텐츠에 활기를 불어넣어주는 데 도움이 될 수 있습니다.

마지막으로 아이템 주제를 정할 때 권유하고 싶은 마인드를 소개합니다. '가볍게 시작하세요.' 스타트업 성장 모형으로 J커브라는 개념이 있습니다. 창업을 시작하고 제품 테스트 및 피봇Pivot을 통해서 수익을 내는 사업 모델을 최적화하기까지는 죽음의 계곡Valley of Death 구간이 있는데요. 만약 큰돈을 벌겠다는 마음 혹은 평생 밥벌이를 하는 아이템을 찾겠다는 마음이라면, 이 구간에서 중도 포기하기 매우 쉽습니다. 실제 성공한 사람들을 보면 자신이 이 직업을 가질 줄 전혀 꿈에도 상상을 못 했다는 이야기를 자주 듣습니다. 그런 것처럼 가볍고 빠르게 실행하면서 아이템을 발전시켜 나가는 데 집중하시면 여러 기회를 만날 수 있을 거라 확신합니다. 지금 당장 여러분이 관심있는 콘텐츠 주제를 하나 잡고 빠르게 시작해보는 것은 어떨까요?

내가 가진 재능으로 돈 벌기

보통 1인 기업을 하기 위해서는 남보다 월등한 재능을 갖고 있어야만 한다고 생각합니다. 이런 기준을 스스로에게 적용하기 시작하면 아마 어느 누구도 자신이 재능을 갖고 있다고 생각하지 못할 겁니다. 실제로 이런 고민은 강의를 하면서 만난 곧 퇴사를 앞둔 분들 그리고 이제 막 퇴사한 분들 혹은 아직 직장에 다니고 있지만 다가올 미래에 대비해 1인 기업을 준비하고자 하는 분들로부터 자주 듣는 이야기입니다. 저는 이런 고민을 하신 분들을 개별적으로 만나 카페에서 커피를 마시면서 일대일로 대화하는 시간을 가졌습니다. 무언가를 찾으려고 하는 것보다 그저 편하게 대화를 이어갔습니다. 요즘 무엇에 관심이 있는지, 이전엔 어떤 것들을 경험했는지, 그것을 통해 어떤 감정을 느꼈는지, 그런 감정들을 느낀 비슷한 사건들이 있었는지 등 꼬리에 꼬리를 뭅니다. 신기하게도 그들이 아무렇지 않게 이야기했던 것들 속에서 각각의 빛나는 재능을 발견했습니다.

한 사례로 외벌이 가정의 가장이자 미래에 대한 불안한 마음으로 회사에 다니던 한 수강생은 평소 유튜브를 자주 시청한다고 했습니다. 그중에서도 긍정 확언에 대한 영상을 자주 보았는데, 실제로 그것을 한 달간 시행하면서 스스로 밝아진 자신을 발견했습니다. 그 영향 덕분에 아침에 겨우 일어나는 것부터 업무를 볼 때 불평했던 부정적인 것들이 많이 완화되었습니다. '무엇을 좋아했느냐'라는 질문에 마이크를 잡는 것을 좋아해서 남들 앞에서 이야기하는 것이 즐겁다고 했습니다. 실제로도 굉장히 유쾌한 분이었습니다. 그러면서 직장인들은 여전히 이전의 자신처럼 미래에 대해서 준비하고 있지 않음을 안타까워했습니다. 이 분은 자신이 변화하고자 직접 실험해보는 행동력, 자신처럼 문제를 겪는 분들을 안타까워하는 공감 능력, 남들 앞에서 메시지를 전달하는 능력을 가지셨습니다. 자신이 겪은 경험을 충분히 남들에게 전달하고 동기부여 해줄 수 있는 재능이 충분했습니다. 당시 직장인 대상으로 본인이 변화했던 긍정 확언처럼 작게 시작할 수 있는 자기계발 소모임을 만들고 블로그를 운영할 것을 추천드렸습니다. 이외에도 말을 하기 좋아하는 성향을 활용해 유튜브 같은 플랫폼에서 영상으로 소통한다면 더 많은 잠재고객을 만날 기회들도 만들 수 있겠지요.

또 다른 남성분은 프리랜서 운동 코치이셨습니다. 하지만 체력적인 부담과 벌이가 시원치 않아 1인 기업으로 브랜드를 잡고 싶다고 하셨죠. 본인 스스로 생각했을 때 유머와 흥이 많다고 했습니다. 이야기를 하면서 알게 된 사실이 있었습니다. 평소 삶을 많이 즐기지 못하신 친할머니와 어르신들을 모시고 추억을 쌓기 위해 여행을 다니는 것을 좋아했고 주변 고객들과 유대관계도 잘 맺는 분이셨죠. 심지어 여행가이드 자격증까지 가지고 계셨습니다. 이분에게는 어떤 재능이 보이시나요? 그리고 이것을 어떻게 활용할 수 있을까요? 제가 봤을 때 이 분은 본인의 유머와 흥으로 주변 사람들을 기분 좋게 하는 재능이 보였습니다. 그리고 어른분들에게 마치 손자와 아들처럼 느끼게 할 수 있는 친근함을 가지셨죠. 그래서 여행 자격증을 이런 재능과 함께 살려서 시니어들과 가까운 곳을 함께 여행하는 여행 프로그램 혹은 가벼운 활동 프로그램들을 만들어 보는 것은 어떨지 추천드렸습니다. 더 나아가 활동을 이어간다면 문화센터나 지자체에서 시니어들과 소통하는 여러 강좌를 제안해 활동 범위를 넓힐 수도 있겠지요.

이 글을 읽으면서도 아직 이들이 대단해 보이시나요? 사실 여러분이 느끼시는 대단함은 전문적인 대단함이 아니라 단지 내가 가지지 못한 재능이라고 생각해서일 확률이 큽니다. 이들도 처음엔 자신의 성향이 재능이 될 거라고 생각하지 못했습니다. 한 분의 이야기를 더 들어볼까요. 혹시 주변에 연애를 오래 한 커플을 보면 어떤가요? 어떻게 그렇게 깨지지 않고 오래 연애할 수 있는지, 어떻게 그렇게 서로에게 잘 맞출 수 있는지 궁금하실 겁니다. 실제 이것을 가지고 수익화를 하신 분도 있습니다. 10년 가까이 연애를 하는 분이었습니다. 이분의 SNS를 팔로우하는 분들이 DM으로 자신의 연애 고민 상담을 하기 시작했고, 무료로 상담을 해주면서 익명으로 제보된 사연들을 콘텐츠로 만들었지요. 그렇게 콘텐츠가 쌓이면서 점점 상담 건수가 많아지자 유료로 전환을 하면서 수익화에 성공했습니다. 심리학을 전공하거나 관련 자격증이 있는 것도 아니었습니다. 다만, 자신의 연애경험을 통해서 양측의 입장을 공감하고 이해하는 이야기를 건네면서 고객들이 가지고 있는 답답함을 풀어주었을 뿐입니다.

유치원 교사였던 친구는 손으로 뭔가 만드는 것을 좋아했습니다. 특히 가죽공예를 좋아했는데요. 취미로 아이들의 머리핀이나 카드지갑을 만들었습니다. 그 친구는 여기서 멈추지 않고 취미를 살려서 플리마켓에서도 판매해보고 잠시 가죽공방에서 강사로 일해보기도 하며 가죽공예에 대한 입문 전자책을 출간하기도 했습니다.

    이처럼 사소한 것들로 충분히 자신만의 콘텐츠를 만들고 브랜드로 키워나갈 수 있습니다. 그렇다면 여러분의 사고가 유연해지셨는지, 잘 이해하셨는지를 확인해보겠습니다. 간단한 질문을 하겠습니다. 만약 정리정돈하는 것을 좋아하고, 꼼꼼한 성격을 가졌다면 어떤 콘텐츠를 만들어 볼 수 있을까요? 자신만의 정리정돈 방법, 정리정돈 전후 비교, 정리할 때 자주 쓰는 도구 등을 공유하는 콘텐츠를 만들기 시작할 수 있겠지요. 더 나아가 내 콘텐츠에 공감하는 사람들이 늘면 정리정돈 잘하는 방법에 대한 노하우를 책자로 판매하거나 영상으로 판매하고, 컨설팅까지 해줄 수 있겠지요?

    그럼 두번째 질문을 해볼게요. 만약 다이어트에 관심이 많고 도전을 많이 해본 경험이 있으신 분들은 어떤 콘텐츠를 만들 수 있을까요? 다이어트약 비교, 다이어트 시행착오, 요요현상 안 오게 하는 법, 다이어트에 도움 되는 식단 혹은 운동법 등 자신만의 시행착오로 터득한 방법들을 다양하게 알려줄 수 있을 겁니다.

    세 번째 질문을 이어가 볼게요. 만약 지금 내가 수영강사를 하고 있다면 어떤 콘텐츠를 만들 수 있을까요? 누군가는 수영강사를 어떻게 할 수 있는지도 궁금해할 수 있을 겁니다. 이런 방법을 알려주는 콘텐츠를 만든다면 프리랜서 수영강사가 되는 상담이나 코칭으로 수익화를 시도해볼 수 있겠네요. 그뿐 아니라 수영하는 방법이나 수영장 소개 및 이용방법, 수영 도구 등을 소개하는 콘텐츠를 꾸준히 발행한다면 강습 이용권 판매로 이어질 수도 있고, 수영 도구 브랜드의 협찬 혹은 함께 공동구매를 이어갈 수도 있겠지요.

자신이 이전에 여럿 시도해본 다이어트 경험을 살려 블로그를 꾸준히 하다 보면 다이어트 전문 블로거가 될 수도 있고, 관련 제품을 협찬받을 수도 있겠지요. 또한 이런 방법들을 비슷하게 책, 영상, 코칭 등으로 이어서 수익화를 만들 수 있을 겁니다. 재능은 여러분이 생각한 사소한 경험들에서 쉽게 발견할 수 있습니다. 그러니 자신의 경험들을 꺼내보고 그 속에서 콘텐츠로 만들어 볼 것을 선정해보는 것은 어떨까요? 그리고 작게 블로그나 인스타그램 등 계정을 만들어서 여러분의 경험을 나눠주는 것에서 출발해보세요.

앞서가는 사람들의 3가지 기술

모두가 '메타버스, AI, 코딩'을 외치는 요즘입니다. 물론 이 모두를 다 잘할 필요는 없지만, 진정으로 앞서가는 사람들은 다가오는 미래에 대해서 문외한인 범위가 다른 이들보다는 적은 것 같습니다. 저 역시 그런 분들을 보면서 자연스럽게 공부하고 노력하게 되는데요. 과연 앞서가는 사람들은 무엇이 다른 걸까요? 제가 본 앞서가는 사람들은 크게 3가지 특징이 있습니다.

첫째, 앞서가는 사람들은 호기심이 많습니다. 호기심을 대하는 태도는 얕은 호기심을 넘어서 진지하게 그것을 디깅Digging ('파다'라는 뜻으로 그것을 깊게 파고든다는 의미)합니다. 디깅도 정보를 찾을 수 있다면 단순한 온라인 검색을 넘어서 다양하게 서칭을 합니다. 마치 브랜드 마케터들이 브랜드를 하나 설정하기 위해서 브랜드 네임의 어원부터 그 단어가 나라별로 의미하는 것들이 무엇인지 어떻게 쓰이고 있는지 광범위하게 파고드는 것처럼요. 보통은 정보를 찾아볼 때 유튜브나 네이버, 구글에서 1차원적인 검색에서만 머무른다면 이들은 유튜브도 해외 자료들을 뒤져보면서 그 분야에서 앞서나간 이들은 어떻게 활용하고 있는지 등을 살펴봅니다. 이들은 알고 싶은 것이 있다면 꼬리에 꼬리를 물고 찾아봅니다. 서칭은 물론이고 책을 통해서 다방면으로 지식을 얻기도 하지만 여러 분야 종사자들을 만나며 견문을 넓히는 데도 적극적입니다. 그러다 보면 이론으로 아는 것을 넘어서 실제 각 분야의 전문가들을 만나서 더 깊게 현장의 이야기들을 통해서 배움을 넓혀나갑니다. 보도 섀퍼의 〈돈〉에서는 부자가 되는 방법 중 하나로 매달 한 명씩 성공한 사람들과 네트워크를 형성하라고 말합니다.

둘째, 생각에서 다음 행동으로 이어지는 것이 매우 뛰어납니다. 그들은 고민과 행동의 간격이 좁습니다. 이것저것 재면서 고민에 시간을 많이 쓰지 않고 우선 빠르게 행동하면서 부족한 점들을 채워 갑니다. 다른 일들을 병행하면서도 자신이 배우고 싶은 분야를 놓치지 않고 함께 현재와 미래를 동시에 굴리고 있는 그들을 저는 '멀티 덕후'라고 표현하고 싶습니다. 멀티 덕후는 실제로 다양한 호기심을 행동력으로 옮기기 때문에 다방면에서 결과물들을 낳습니다. 다큐멘터리 〈창의적인 뇌의 비밀〉에서 빌 게이츠가 자신이 아는 사람 중 가장 똑똑한 사람이라고 소개했던 발명가 네이선 미어볼드의 업적은 굉장히 흥미롭습니다. 새로운 종류의 원자로를 발명했고, 공룡과 소행성에 대한 연구를 했으며, 빵에 관심이 있어서 2000여 페이지의 빵에 관련한 서적을 5권이나 출간했습니다. 그들은 피곤함을 모르며 강력한 호기심을 바탕으로 빠른 행동력을 보입니다.

세 번째, 다가올 미래를 준비하기 위해서 지금 미리 여러 개의 파이프라인을 준비합니다. 당장 성과가 나지 않아도 앞으로 내 먹거리가 될 만한 것들을 차근차근 준비해나갑니다. 〈모바일 보헤미안〉의 저자는 여행과 캠핑 다니는 것을 좋아했는데요. 여행을 하던 중 뉴질랜드에 정착하는 것을 목표로 했고, 책임으로부터 자유로울 뿐 아니라 고정으로 돈을 벌 수 있는 직업을 준비하기 시작했습니다. 기존에 하던 음악 프로듀싱을 꾸준하게 하면서 기업의 자문을 하는 일로 바꿔나갔고, 꾸준하게 여행 칼럼니스트로 활동하면서 원고료와 협찬을 받으며 생활을 했습니다. 그리고 15년간의 준비 끝에 이주에 성공했습니다. 이들은 하나의 분야에만 국한된 것이 아니라 여러 수익 파이프라인을 만드는 데 열정적입니다. 부동산, 책, 강의, 콘텐츠 등으로 자신의 강점이 될 분야를 꾸준하게 배우고 성장시켜 가면서 브랜드 입지를 쌓아나갑니다.

이렇게 앞서가는 사람들의 특징을 3가지로 살펴봤습니다. 이제 어떻게 하면 우리도 그들처럼 해볼 수 있을까요? 이것을 조금 구체화시키는 질문들을 준비했습니다. 하나씩 찾아보고 정리해보면서 천천히 미래를 기획해보세요.

1) 만약 하고 싶은 게 너무 많아서 걱정이셨던 분들이라면 이렇게 해보세요. 호기심이 가는 분야는 무엇인지 리스트를 적어보세요.
2) 그런 다음 가장 궁금하고 배우고 싶은 분야 3가지로 골라보고 순위를 매겨보세요.
3) 그중 1위로 뽑힌 분야부터 정복해 나갑니다. 읽어야 하는 책 리스트, 혹은 들어보면 좋은 강의까지 함께 정리해봅니다. 이 방법은 여러분의 행동력을 높여주는 방법이 될 것입니다. 막상 머리로만 생각하고 단순한 1차원적 검색에서만 머문다면 단순한 호기심에 그치게 될 거예요. 하지만 이렇게 공부해야 할 방향을 구체화시켜 본다면 흥미도 생기고 훨씬 더 전문적으로 지식을 쌓아나갈 수 있습니다.
4) 다가올 미래를 위해서 나만의 파이프라인을 설계해보세요. 우선 현재 하고 있는 일, 수입을 적어보고 향후 고정적으로 계속할 수 있는 일인지도 체크해보시면 더욱 좋습니다.
5) 다음으로는 몇 년 후 어떤 밥벌이를 만들고 싶은지 적어보세요.
6) 분야를 정했다면 각 단계별로 준비해야 할 것들 예를 들면, 자격증 따기 혹은

A분야 관련해서 100권 읽기, 관련 내용에 대해서 정보를 전달해주는 유튜브 운영하기 등등을 적어봅니다. 이 중에서도 가장 먼저 해야 할 것들을 우선순위를 정해서 자신만의 파이프라인 만들기 로드맵을 그려보는 것도 좋습니다.

고민보다 'GO'하게 만드는 치트키

"게으른 제 자신이 너무 한심합니다."

"머리는 해야 하는 일들로 가득 차 있지만 정작 아무것도 하지 않는 저에게 화가 나요."

하도 답답해 주변 사람에게 하소연을 했습니다. 그랬던 제가 어떻게 여유로워졌을까요? "간절하면 됩니다"라고 답하면 여러분들이 힘 빠지실 것 같으니 제가 겪은 방식을 소개하겠습니다.

계속 자책과 무너짐의 반복이 되다 보면 결국 스스로를 인정하는 단계에 이릅니다. "그래, 나는 게으른 사람이야" 하고요. 괜찮습니다. 인정하세요. 그리고 그대로 봐주세요. "요것 봐라, 또 하기 싫은가 보네" 이런 나 자신을 귀엽게 봐줄 수 있어야 합니다. 인정하고 그대로 봐주는 것이 연습이 되었다면 그다음으로는 이런 질문을 던져보세요. "내가 어떤 때에 행동력이 남달랐지?"라고요. 나를 180도 바꾸려는 것보다 나를 움직였던 요소는 무엇이었는지 찾는다면 슬기로운 나 사용 설명서(나를 사용하는 설명서)를 확보할 수 있게 됩니다. 만약 이 방법이 먹히지 않고 여전히 게으르다면? 그건 내 마음속에서 정말 중요한 것이 아니라고 여기거나 끌리는 요소가 없다는 뜻이기에 안전하게 미뤄도 됩니다. 그러니 더 이상 안 한다고 스트레스받지 마세요. 이제부터는 오히려 그 스트레스를 활용할 수 있는 방법을 알려드리겠습니다. 제가 자주 사용하면서 효과를 본 방법인데요. 여러분도 제 방식을 그대로 따라 하셔도 좋고 자신에게 맞는 방법으로 재구성하셔도 좋습니다.

저는 원래 밤늦게까지 책상에 앉아 불을 켜고 일을 하는 성향이 아닙니다. 그런데 가끔 엉덩이를 붙이고 늦게까지 붙들고 있는 경우가 있는데 그때가 언제였지 생각해보면, 당장 내일 오전까지 또는 오늘 자정까지 수강생에게 피드백을 주기로 약속을 한 경우였어요. 다른 일을 하느라 정신이 없어도 늦은 시간까지 할 수 있었던 건 '기한을 잡은 약속' 때문이었습니다. 고3 수험생과 고1, 고2의 집중도는 다릅니다. 누가 시킨 것도 아닌데 알아서 자정까지 공부하다가 잠들기도 하고, 쉬는 시간도 아까워 문제를 풉니다. 직장에서 당장 처리해줘야 할 업무들로 가득 차서 매출을 보완하는 아이디어를 구상하는 데 한 달이란 시간을 줘도 정작 그 시간을 활용하지 못했습니다. 해야 하는 건 알고 있지만 당장 오늘의 일을 처리하는 데 급급했죠. 그러다가 마감기한이 다가와 당장 이번 주에 기획안을 발표하라는 말을 들으면 어떻게든 모든 일을 정지시키고라도 그 일을 집중해서 해냅니다. 평소에는 왜 그런 집중력이 안 나오는지 허탈할 정도였어요. 하지만 이런 패턴을 긍정적인 측면으로 바라보면 하기 싫은 일도 해낼 수 있고, 오히려 집중력이 최고치에 이르는 방법이라는 것을 발견할 수 있습니다. 이것이 위에서 언급한 '나사용 설명서' 첫 번째 방법입니다.

 자신이 마감기한이 있는 일들에 높은 집중력을 발휘하고 어떻게든 했다는 것을 인지한다면, 스스로 마감기한을 정해보세요. 그렇게 하면 스트레스가 줄어드는 것은 물론이고 일하는 방식이 바뀝니다. 오히려 마감기한에 임박해서 일 처리를 하기 때문에 시간적으로 여유가 있을 때는 다른 일들을 하고 그 일을 마음속에 두지 않아요. 그러다가 날짜가 다가오면 그때 조금씩 조급함과 스트레스가 올라오지만 그것을 활용해서 일을 끝내는 데 사용합니다. 어차피 이 시간만 집중하면 된다는 것을 스스로도 아니까요.

만약 스스로 정한 마감기한이라 생각만큼 행동력이 살아나지 않는다면 이제는 나사용 설명서 두 번째 방법을 써야 할 때입니다. 2020년 한 해는 모두가 힘들었지만, 저 역시 개인적으로 굉장히 큰 슬럼프를 겪었습니다. 번아웃과 슬럼프가 공존한 카오스의 상태였죠. 그 증상이 심해질 때쯤 옆에 있던 동료들이 하나둘 제게 응원과 조언을 해주었습니다. 몸을 다시 움직이면 마음도 정화된다며 한 친구가 등산을 추천해줬습니다. 이 지긋지긋한 슬럼프를 탈출하겠다는 강한 의지로 그다음 날 바로 집 앞 산에 올랐지만, 꾸준히 할 수 있을까 걱정부터 앞섰습니다. 그래서 이런 과정을 혼자 하는 것보다 주변에 알리는 결심으로 인스타그램과 블로그에 공유하기 시작했습니다. 제가 어떤 마음으로 운동을 시작하는지 알리고 기록해나가니 응원의 댓글과 계속 지켜봐 주시는 분들이 생겼습니다. 어떤 날은 꾀가 나서 운동을 하지 말까 생각했지만, 지켜보는 사람들이 있다는 생각에 다시 운동화 끈을 묶게 되더라고요. 혼자였으면 작심일일로 끝날 수도 있었지만, 공적으로 선포해버리니 그 더운 여름 한 달을 꼬박 운동할 수 있었습니다. 만약 혼자서 마감기한을 정하는 것이 어렵다면 SNS 혹은 주변 지인에게 이야기해서 움직일 수밖에 없게 만들어 보세요.

나 사용 설명서 마지막 방법은 골든타임을 지키는 것입니다. 내가 만약 영업사원이라면 고객과 헤어진 직후 잊지 않게 다시 한번 감사의 문자를 보내는 것도 골든타임을 사수하는 것입니다. 1인 기업가의 일에서는 어떨까요? 예를 들면, 수강생들에게 강의 마지막에 자율적으로 후기를 적어달라고 하고 끝내는 경우와 강의가 끝난 직후 또는 3시간 이내로 후기를 독려하는 문자를 한 번 더 보내는 것은 실제 후기를 받을 확률에서 차이를 보입니다. 시간이 지나면 강의를 들었던 감흥이 사라지고 내용도 드문드문 기억이 나기 때문에 필기했던 부분을 다시 봐야 하는 경우도 생기죠. 만약 이 골든타임을 놓치면 열심히 강의는 했지만 후기가 덜 쌓이고 그것을 메꾸기 위해서 또 더 많은 강의를 해야 하니, 많은 빈틈을 가진 채 일을 하게 됩니다. 골든타임은 일에서 굉장히 중요합니다.

책을 쓰는 것도 지금 완성해두지 않고 방치하게 되면 그때 썼던 사례가 지금의 트렌드에 맞지 않는 비유가 되는 경우도 있습니다. 그러니 다 때가 있다는 말처럼 지금 내가 하는 일이 골든타임을 사수해야 하는 일인지 인지하는 것만으로도 바로 행동력이 올라갑니다. 물론 귀찮고 하기 싫지만, 지금 하지 않으면 안 하느니만 못하는 경우가 될 수 있기 때문에 반드시 움직이게 됩니다. 여러분이 미루고 있는 일 중에 내가 혹시 골든타임을 놓치고 있지는 않은지, 체크해보세요.

만약 골든타임을 굳이 지키지 않아도 되는 일이고, 고민과 게으름이 올라온다면 미룰 수 있는 만큼 미뤄보는 것도 하나의 방법이 될 수 있습니다. 그렇게 미루고 미뤘을 때 어떤 마음이 올라오는지 잘 관찰해보세요. 이제는 더 이상 미룰 수 없다는 마음으로 움직일 수도 있고, '에라 모르겠다 안 할래'라는 마음도 있을 수 있습니다. 어느 쪽이든 괜찮습니다. 전자를 택한다고 하면 '이렇게 끝까지 미루면 하게 되는구나'로 나 사용 설명서 4번으로 추가하시면 되고, 후자를 택한다고 하면 그 일은 어쩌면 여러분에게 그렇게 중요한 일은 아니었는데 여러분이 미련을 두고 있었던 것일 수 있습니다. 그러니 강박증에 마음졸이지 마세요. 그저 자신을 관찰하고 객관적으로 아는 것만으로 충분히 행동력 있는 사람이 될 수 있습니다.

PART 3

헤매는 만큼 성장한다

실패가 즐거움으로 바뀐 이유

실패가 두려운 이유는 '실패가 종착역이 될까 봐'입니다. 영원히 돌아갈 수도 없고 그 상태로 녹슬게 될 것 같은 착각으로 공포감에 휩싸입니다. 기차와 전철이 지나는 철로를 보면 굉장히 복잡하게 얽힌 부분을 보신 적이 있으신가요? 그곳엔 열차 방향을 바꿔주는 선로 분리기(선로 전환기)라는 것이 있습니다. 어쩌면 실패라는 것은 인생에서 한 가지 길만 있다고 생각한 우리에게 다른 길도 있다는 선로 분리기 역할을 해주는 것 같습니다. "때로는 잘못된 기차가 우리를 올바른 곳으로 데려다준다"라고 이야기한 파울로 코엘료의 말처럼 말이죠.

슬럼프를 이겨내기 위해서 한창 등산을 할 때, 매번 잘 놓인 돌담길을 따라서 정상으로 올라갔습니다. 그때마다 정상에 오르기 직전 가장 숨이 차오르는 구간이 있었습니다. 때마침 고개를 돌려보니 풀숲 사이로 작은 샛길이 보이더군요. 무엇이 나올지는 몰랐지만 일단 길을 따라서 올라가 보니 정상에 도착했고, 그곳에서 보는 풍경은 이전에 매번 올랐던 그 맛과는 달랐습니다. 오히려 더 맛있게 느껴졌습니다. 삶을 돌이켜보면 뜻대로 되는 일들은 손에 꼽을 정도로 많지 않습니다. 잘 되어가는 일도 항상 변수가 생기기 마련이고, 기대가 전혀 없던 상황 속에서 행운을 잡기도 합니다. 그런 면에서 인생은 한 치 앞을 몰라서 두렵기도 하지만 어떤 변화를 가져다줄지 설레고 두근거립니다.

대학 입학 때를 생각해보면 서울에 있는 대학교에 가는 것이 목표였지만, 당시 제 수능 성적으로는 터무니없었습니다. 수시에서는 쳐다보지도 않았던 대학에 입학했지만, 그래도 좋아하는 외국어 학과에 지원했고 중국어를 전공할 수 있었습니다. 고등학생 시절에는 없었던 공부에 대한 흥미를 대학생이 되고서야 느낄 수 있었습니다. 그 흥미가 열정이 되어 매년 성적우수 장학금을 받으며 학교에 다닐 수 있었죠. 그뿐이 아닙니다. 학교에서 협약을 맺은 중국의 한 전문대로 어학연수를 가기도 했습니다. 저녁 9시 이후로는 수도가 끊기는 기숙사에

길거리만 지나다녀도 한국인을 신기하게 바라보는 낯선 환경이었습니다. 이런 환경 덕분에 자식같이 아껴주는 중국 선생님들과 한 마디라도 말을 더 붙여주는 현지 대학생 친구들과의 관계 속에서 저렴한 학비로 중국어를 배우며 유학할 수 있었습니다. 넉넉하지 못했던 집안 형편에서도 유학이라는 걸 할 수 있었죠.

한번 돌이켜보겠습니다. 수능을 못 봤던 것이 제게 실패일까요? 물론 씁쓸함을 인정해야 했지만, 결론적으로는 인생이라는 길에서 선로 분리기가 작동했다고 생각합니다. 덜 스트레스 받으면서 공부할 수 있게 환경이 만들어진 셈이었죠. 앞으로 '실패'라는 단어를 대신해 '덕분에'라는 단어를 사용해보면 좋겠습니다. 그러면 실패는 종착역이 아니라 경유지였다는 것을 알게 됩니다.

직장에서도 선로 분리기는 작동했습니다. 저는 회사에서 훌륭한 인재는 아니었습니다. 실적을 그리 잘 내지 못했고, 그저 주어진 일을 바쁘게 쳐내는 평사원이었습니다. 그뿐 아니라 나중엔 끝까지 적응을 하지 못하고 회사를 나왔지요. 직장생활이 맞지 않은 덕분에 더 늦기 전에 내 길을 찾아 나서는 모험을 할 수 있었습니다. 제 지인은 많이 억누르고 살다 보니 직장생활에서 병을 얻어 수술까지 하게 되었습니다. 물론 힘겨운 수술을 겪고 회복해야 하는 어려움이 있었지만, 그 사건을 계기로 그동안 참고 해보지 않았던 하고 싶은 일들을 하나씩 해나가고 있더군요. 가고 싶은 곳, 하고 싶은 것을 하면서 이전과는 전혀 다른 행복한 삶을 살고 있습니다.

실패가 끝이라고 생각하지만, 반면에 또 다른 시작을 안겨주다는 것을 알아차리다 보면 실패를 바라보는 감정 또한 달라집니다. 이 사건이 도대체 나에게 어떤 길을 안내해주려고 그러는 걸까? 질문을 던지게 됩니다. 감정에 파묻히는 게 아니라 차분하게 그것을 받아들이고 극복하는 데 집중합니다. 그러다 보면 어둠의 터널을 뚫고 빛을 발견하면서 실패라는 영화는 종결이 됩니다. 그런 경험이 쌓일수록 실패를 다루는 맷집도 커집니다. 본인 스스로도 이 실패를 분명히 잘 극복해 나갈 것이라는 걸 직감적으로 알 수 있습니다.

전 재산 50만 원밖에 남지 않았을 때가 있었습니다. 제 인생의 시나리오에는 결코 없던 일이었습니다. 가장 힘들었고 그동안 당연하게 했던 일들을 어떻게 했나 싶을 정도로 다시 일하는 것도 무서웠습니다. 그럼에도 어떻게든 살아야겠다는 생각뿐이었습니다. 할 수 있는 게 무엇이 있을까 생각하면서 인터넷 공고를 이리저리 뒤졌습니다. 그리고 우연히 발견하게 된 경기도 골목상권 리포터즈 활동에 지원했습니다. 그동안 키워온 블로그와 인스타그램 덕분에 당선이 되었고, 집 근처 골목상권의 자영업자들을 인터뷰하고 원고료를 받으며 최저 생계비에도 못 미치는 돈을 벌기 시작했습니다. 풍족하진 않지만 움츠려 있던 제 자신을 일으키고 싶은 마음이 컸습니다. 덕분에 파산을 점점 미룰 수 있게 되었고, 중간에 들어온 긴급재난지원금을 통해서 연명할 수 있게 되었습니다. 심지어 몇 개월 후 활동 우수 상금까지 받을 수 있었죠. '죽으라는 법은 없다'라는 말을 처음 몸으로 깨달았습니다. 실패라는 것을 겪어 봤더니 다른 길을 알게 되고 걷게 되었습니다. 만약 여러분도 지금의 상황이 실패라는 단어에 근접하다면, 그곳에는 또 다른 길이 나타날 것임을 알아차리셨으면 좋겠습니다. 그리고 그것이 분명 '다음 단계로 가는 힌트였구나'라는 것을 깨닫게 되실 거예요. 그냥 일어나는 일은 없습니다. 지금 나를 힘들게 하는 그 일이 우리들에게 어떠한 신호를 보내고 있음에 틀림없습니다.

　주변에 존경받고 인정을 받는 분들을 만나보면, 내공이 깊고 흔들리지 않는 자신만의 신념과 자신감이 차 있는 걸 느낍니다. 그저 지금의 멋진 모습만을 보는 게 아니라 어려움을 어떻게 극복했는지 주의 깊게 관찰하면 그분들이 성공할 수밖에 없는 이유를 알게 됩니다. 죽고 싶을 만큼 힘들었던 순간을 이겨내고 지금 그 자리에 앉아계신다는 것을요. 삶의 고난을 하나씩 이겨내면서 내공이 쌓인 것이죠.

　실패의 어두운 감정 속에 파묻혀 삶에서 주는 힌트를 놓치지 마세요. 당신은 어려움을 분명 이겨낼 것입니다. 그러니 믿음을 가지고 이것을 해결할 방법을 찾아보는 데 노력해 보세요. 저는 '진인사대천명 修人事待天命'이라는 말을 참 좋아합니다. 사람으로서 할 일을 온전히 했다면 나머지 결과는 하늘에 맡기는 것이죠. 그저 받아들이고 행동했을 때 여러분에게는 분명 빛이 보일 겁니다. 지금 풀리지 않고 답답한 상황 속에 있다면 내가 이 상황을 타개할 노력은 무엇인지 적어보세요. 당신은 분명 더 나은 길을 택하고 바꿀 수 있습니다.

위기를 기회로 만드는 노하우

　서핑을 하다 보면 큰 파도로 인해 몸을 지탱하지 못하고 넘어져 물을 먹기도 합니다. 반면에 파도가 약하면 서핑을 오래 탈 수도 없고 다양한 플레이를 연출하기가 어렵습니다. 큰 파도는 생명에 지장을 줄 수 있을 정도로 위협을 줄 수 있으나, 그것을 잘만 이용한다면 더할 나위 없이 멋진 장관을 연출할 수 있습니다. 서퍼 스스로에게도 보는 이들에게도 잊을 수 없는 경험을 선사해주죠. 그렇기에 파도는 위기이자 기회가 될 수 있습니다. 1인 기업의 상황도 이와 같습니다. 일을 하다 보면 예기치 못하는 위기의 상황을 직면합니다. 그 위기는 마치 수

심이 깊은 물에 빠졌을 때 느끼는 공포감처럼 굉장히 생존과 직결된 불안감이 들기도 하고, 반복되는 넘어짐에 젖은 무거운 몸을 이끌고 다시 보드를 타야 하는 서퍼의 심정과도 같습니다. 하지만 어떻게 대처하느냐에 따라서 그 의미는 굉장히 달라집니다. 위기를 기회로 바꿀 수 있었던 저만의 노하우를 3가지로 나누어 전달드리겠습니다.

첫째, 위기가 왔다면 다른 일에 집중하면서 숨을 고릅니다. 코로나로 인해서 수강생을 모집하기가 점점 더 힘들어지고, 당장 수입이 끊겨 어쩔 줄 몰랐습니다. 그때 마침 그동안 알게 모르게 마음속 밑바닥에 쌓였던 불안감과 뭉쳐서 결국 번아웃과 슬럼프로 이어졌습니다. 그렇게 한두 달 시간을 흘려보내고는 다시 힘을 내기로 결심했습니다.

우선 최소한 일이라는 것을 해볼 만한 의욕의 불씨를 지피고자 새로운 도전을 하기로 마음을 먹었습니다. 하반기 정부 지원사업을 찾아보기 시작했습니다. 막상 엉덩이를 붙이고 찾아보니 할 수 있는 것들이 보였습니다. 그중 도전해보고 싶은 2가지 사업을 골라 지원했습니다. 하나는 2030 예비창업가를 위한 지원사업이었고, 또 하나는 골목상권을 취재하는 리포터즈로 활동하는 지원사업이었죠. 마치 기운을 내라는 듯이 운 좋게 두 사업에 모두 선발되었습니다. 바닥으로 떨어진 자존감과 자신감이 오랜만에 기지개를 펴는 듯했습니다.

첫 번째 지원사업을 통해서 20대의 어린 친구부터 30대까지 다양한 친구들이 모여서 함께 창업에 대한 밑그림을 그리면서 3주간 수업을 들었습니다. 다양한 전문가들에게 배울 수 있는 기회가 되었을 뿐만 아니라 함께 조가 되었던 친구들에게도 좋은 기운을 받았습니다. 종강 후 사업자금을 댈 돈과 사업모델에 대한 철저한 준비가 부족해서 비록 실제 연결하지는 못했지만 한 달 동안 수업과 멘토링을 받으면서 공부하고 다시 시작해볼 수 있겠다는 용기를 얻은 것만으로도 충분히 값진 시간이었습니다.

그 후 두 번째 지원사업으로 집 근처 골목상권을 다니면서 코로나로 힘든 자영업자 사장님들을 취재하러 다녔습니다. 처음부터 일일이 사장님들께 연락해서 자초지종을 설명하고 취재를 따내는 것이 쉽지는 않았습니다. 돈도 얼마 못 버는데 굳이 이렇게까지 힘들게 해야 하나 싶었습니다. 그런데 그분들 삶의 굴곡을 직접 전해 듣고 얼마큼 열심히 오늘을 살고 계신지 피부로 느끼게 되었습니다. 아픔을 굳이 비교하는 것은 아니지만, 속으로 '그들의 힘듦에 비하면 나의 힘듦은 아무것도 아니구나, 나는 정말 작고 사소한 걸로 힘들어하고 있구나' 스스로를 돌아보고 반성했습니다. 때로는 사장님들이 위안과 조언을 주시기도 하셨습니다.

이렇게 잠시 본업에서 멀리 떨어져 한숨을 고르고 나니 재정비할 수 있는 여유가 생겼습니다. 만약 지금 하는 일이 정말 힘들어서 도무지 손에 잡히지 않는다면 잠시 멈추고 지금 할 수 있는 새로운 일을 찾아보는 건 어떨까요?

두 번째, 완전히 상반된 범주에서 생각하고 도전해보는 것입니다. 코로나로 인해 기존에 하던 오프라인 수업들이 온라인으로 점차 이동하기 시작했습니다. 직접 만나서 깊게 이야기하고 칠판에 밑줄, 동그라미를 그어가며 강의를 전개해야지만 메시지가 제대로 전달된다고 믿어 왔습니다. 그래서 온라인으로 그 효과를 보기엔 큰 한계가 있다고 생각했습니다. 그럼에도 온라인에 적응을 해야만 했기 때문에, 온라인에 맞는 생태계를 구축하는 데 초점을 맞췄습니다.

예를 들면, 온라인으로도 고객들이 스스로 미션을 해나갈 수 있게 메일코스를 만들었고, 일대일 관리시스템이 아닌 정기적으로 온라인에서 만나 문제를 해결할 수 있게 장을 만들었습니다. 물론 멘토님의 지휘하에 만든 것이지만, 이전에는 상상도 못 한 방법을 사업모델에 접목할 수 있었습니다. 또한 온라인으로 전환한 덕분에 지금은 더 자유롭게 일할 수 있는 환경이 만들어졌습니다.

한 항공사는 코로나로 인한 불경기 속에 무착륙 비행이라는 기발한 상품을 만들었습니다. 초등학교 수학여행 상품으로 전국을 2~3시간 정도 비행하고 다시 원래 출발지로 돌아오는 상품인데요. 이전이라면 절대 상상조차 하지 못했을 것입니다. 하지만 위기 속에서 현재를 수용하고 그것을 상품화하고 변화시킨 좋은 사례라고 생각이 듭니다. 안 된다고 했던 일들도 변화에 맞춰가는 노력을 한다면 충분히 역전시킬 수 있습니다.

세 번째, 포기하지 않는다면 다음 스텝으로 나가는 밑거름이 됩니다. 슬럼프로 우울함이 밀려올 때도 포기하지 않은 2가지가 있었습니다. 주 1회 유튜브 발행, 격주 1회 크리에이터 모임 참가입니다. 그때 멈추지 않은 덕분에 제가 다시 일어날 수 있는 큰 기회를 많이 잡았습니다. 유튜브는 조회 수가 잘 나오지 않더라도 계속 꾸준히 올리는 데만 집중했습니다. 덕분에 시간이 지나면서 유튜브를 통해서 다양한 제안을 받을 수 있게 되었죠. 그동안 쌓은 콘텐츠 덕에 제 이야기를 전할 책도 쓰게 되었습니다. 마지막으로 꾸준한 모임 참석을 통해 슬럼프를 안전하게 탈출하게 되고 팀원들의 도움을 받아 자유롭게 일할 수 있는 시스템을 만들었습니다.

당시 과정에서는 지치고 우울한 날들이 많았지만, 포기하지 않은 것만으로도 많은 보상을 얻었습니다. 코로나뿐만 아니라 지금 힘든 상황을 겪고 있다면 위에 말씀드린 것 중 어느 한 가지라도 실행해보시면서 어려움을 기회로 만들어보시면 좋겠습니다.

나만의 속도가 중요한 이유

　주변을 돌아보면 나만 뒤처지는 것 같고 남들은 다 빠르게 치고 나가는 것처럼 보여서 속상해질 때가 있습니다. 부끄럽지만 예전의 솔직한 마음을 고백해 보겠습니다. 수업을 하면서 여러 수강생을 만났습니다. 당시 주머니 사정도 좋지 못하고, 수업료로 생계를 유지해야 했던 저와는 반대로 하는 일들이 굉장히 잘 풀리고 여유가 있어서 높은 수강료에도 불구하고 듣고 싶은 강의를 마음껏 신청해서 듣는 분들이 계셨습니다. 가르치는 입장에 있지만 왠지 모를 씁쓸함을 벗어날 수 없었습니다. 그뿐 아니라 수업을 들을 때만 해도 SNS를 시작조차 하지 못했던 분이 얼마 지나지 않아서는 저보다 훨씬 계정을 잘 운영하고 더 크게 키워 수입원을 늘려가는 모습을 지켜보는 경우도 종종 있었습니다. 분명 제가 먼저 시작한 분야임에도 추격자가 금세 빛을 보더군요. '남들은 추월해 가는데, 이런 내가 가르칠 능력이나 되는 걸까?'라는 생각이 저를 갉아 먹었습니다.

때로는 주변에 네트워크 마케팅을 하시는 분들이 지금의 벌이에 만족하는지 묻기도 하셨습니다. 물론 제 능력을 좋게 봐주시는 것은 감사했지만, 한편으로는 내 분야에서 자리를 잡지 못하고 있어 영업을 당한다고 생각하니 속이 상했습니다. 인스타그램은 왜 다 잘사는 사람들밖에 없는지 피드를 볼수록 조급하고 불안함만 커져 갔습니다. 그래서 남들보다 더 빨리 위로 올라가기 위해 앞만 보고 달리려고 했더니 어느 분야든 피라미드 꼭대기는 늘 누군가 선점하고 있었습니다. "이미 그 분야의 정점을 찍으신 분들을 내가 어떻게 이길 수 있겠어"라며 애써 태워 보려던 열정이 타기도 전에 재로 변했습니다. 적어도 머리로는 '나와 인연을 맺은 분 중에 잘 해나가고 있는 분들이 있다면 진심으로 축하해주고 응원해주는 마음을 가져야 한다'는 것을 압니다. 하지만 그때는 그러지 못했습니다. 겉으로는 축하하지만 속으로는 뒤처진다는 불안함과 질투심이 자리 잡았습니다. 그 뒤로 저는 많은 시행착오 끝에 이제는 진심으로 박수 쳐주고 응원해주면서 저만의 속도로 갈 수 있게 되었습니다. 과연 무엇이 저를 변하게 했을까요?

돌이켜보니 문제의 원인은 모든 기준을 바깥에 둔 데에 있었습니다. 사람은 누구나 저마다의 능력들이 다른데 그 능력들을 나와 하나씩 대입해 비교하려고 하니 모든 결과는 항상 부족함으로 귀결될 수밖에 없더라고요. 그것을 해결할 첫 번째는 비교하면 비교할수록 끝이 없다는 것을 인정하는 겁니다. 흔히 '뛰는 놈 위에 나는 놈 있다'라는 말을 쓰죠. 하지만 나는 놈 위에 더 높이 나는 놈이 있다는 것을 발견했습니다. 제가 본 사람 중에 이 분만큼 정말 똑똑한 사람은 없다고 생각했는데, 더 똑똑하고 사업적인 수완도 좋은 사람을 보게 된 거죠. 이렇게 능력이 출중한 분이 자신보다 더 나은 누군가와 비교한다면 속이 멀쩡할 수 없을 겁니다. 하지만 자세히 보면 각각은 서로가 가지지 못한 장점을 가지고 있습니다. 내가 가지지 못한 다른 사람의 멋짐을 발견하듯이 다른 사람도 자신이 가지지 못한 나의 장점을 발견합니다. 그 장점은 여러분의 고유한 특징이자 강점이 될 것이고요. 이렇게 사람마다 특징이 다 다르다는 것을 알게 된다면 적어도 비교라는 것에서 조금은 해방될 겁니다.

넷플릭스에서 스티븐 호킹 박사에 관련한 다큐멘터리를 보았습니다. 그는 오랫동안 함께 일한 두 명의 교수와 한 명의 제자와 함께 블랙홀을 연구했습니다. 모두가 물리학자, 수학자로 내로라하는 천재들이지만, 그들도 역시나 각자의 장단점이 있더군요. 한 교수는 굉장히 민첩하게 가설을 세워 결론에 도달합니다. 하지만 빠르게 하다 보니 중간에 공식을 잘못 사용하거나 실수하는 부분을 발견하게 되죠. 또 한 교수는 굉장히 신중하고 체계적으로 일하지만 한 번 가설을 잘못 설정할 경우 잘못된 방향으로 오랜 시간을 쓰는 단점이 있다고 했습니다. 반면에 제자는 그런 부분을 조율해가면서 서로의 놓치는 부분들을 잘 메꿔주며 일을 했습니다. 누가 더 잘났다고 할 수 없습니다. 다만, 각자가 가진 고유의 능력들이 다를 뿐이라는 것을 인지하는 것이 중요합니다. 그리고 능력들이 다른 구성원을 만나야 좋은 시너지를 낼 수 있습니다. 다름이 오히려 도움이 되는 셈이죠.

각각의 고유한 특성을 인정했다면, 이제는 자신의 색깔을 뚜렷하게 만드는 데 힘을 써야 합니다. Fast Fail 전략이라는 것이 있는데, 한 교육 코칭 프로그램에서 웹툰 작가인 이종범 교수님께 한 학생이 "어떻게 하면 웹툰을 잘 그릴 수 있나요?" 질문했습니다. 교수님은 답했지요. "그림을 잘 그리려면 우선 많이 그려봐야 합니다. 실패를 많이 하다 보면 점차 내가 원하는 분위기의 그림을 그릴 수 있게 되죠." 학생의 질문에 대한 답이 바로 Fast Fail 전략입니다. 사실 어떤 분야든 자신만의 분위기와 색깔을 만들기 위해서는 우선 일정량의 연습량이 채워져야 합니다. 그 과정에서 혹시나 남들과 비교하려는 마음이 올라온다면, 그때는 자신의 예전 작업물과 지금의 작업물을 비교해보세요. 그러면 이전보다 더 나아짐을 인지하면서 지금 하는 노력들이 결코 헛된 것이 아니구나 하는 희망과 용기가 생깁니다. 타인과 비교하려는 마음을 자신이 성장할 수 있는 곳에 사용하세요.

우연히 잠이 오지 않는 늦은 밤 EBS 스페이스 공감이라는 채널에서 악동뮤지션의 공연을 본 적이 있습니다. 개인적으로 악뮤의 개성을 좋아하는 터라 즐겁게 빠져들어서 그들의 표정과 몸짓, 목소리 하나하나에 집중하며 음악을 감상했습니다. 몇 곡을 연주하고 의자에 앉아 새로운 앨범 발매에 대한 소개를 하는 짧은 토크 타임이 있었습니다. 그때 남매 중 오빠인 이찬혁 씨가 악뮤는 앞으로 어떤 모습이고 싶은지에 대해서 이렇게 말했습니다.

"독자적인 길을 가고 싶어요. 저희 앞에도 없고 뒤에도 없고 그게 저희가 보내는 메시지와도 밀접한 것 같고요."

매일같이 트렌드라는 거대한 홍수 속에서 신곡들이 발표되고 열정 가득한 신인들이 쏟아져 나오는 시장 속에 있다 보면 남들과 비슷하거나 조금 더 나은 음악을 만드는 데만 집요해질 수 있습니다. 하지만 그럴수록 그들은 기준을 바깥에 두지 않고 자신들이 표현하고자 하는 메시지와 멜로디에 집중합니다. 그렇기에 악뮤만의 개성이 더욱 사랑받는 것은 아닐까요?

마지막으로 나만의 속도로 오래 가는 것이 중요합니다. 한 교수님께서 제게 이런 말씀을 해주셨습니다.

"지금 잘하고 있어. 그러니 걱정하지 말고 주변을 보는 여유를 가지면서 천천히 해도 충분해."

저는 정말 그렇게 해도 될까 걱정되었습니다.

"경비행기는 빠르게 이륙할 수 있지. 그런데 바람과 구름에 영향을 많이 받아서 비행기가 쉽게 흔들리고 뒤집힐 수도 있어. 하지만 큰 보잉기는 어때? 이륙하는 건 경비행기보다는 훨씬 오래 걸리지만 막상 하늘을 날면 굉장히 안정감이 있잖아? 장거리 비행도 할 수 있고 말이야."

사람마다 각자의 상황과 운 때가 다르기에 성장하는 속도와 유지하는 기간은 모두 다릅니다. 아래에서 올라갈 때도 있지만 위에서 내려와야 할 때도 있는 법이죠. 늘 한결같이 성공 가도를 달릴 수는 없습니다. 그럴 때일수록 낮은 단계부터 내가 머무르고 있는 상황을 충분히 만끽하면서 천천히 나아가세요. 천천히 가면 주변이 보입니다. 단순히 빨리 가고 유명해지는 것이 아니라 진짜 나에게 소중한 일이 무엇인지 찾을 수 있게 됩니다. 이제 외부 환경과 비교하는 것을 내려놓고 지금 내딛는 한 발짝 한 발짝에 집중해보는 것은 어떨까요?

방향감각을 잃으면 반드시 해야 할 일

"일단 멈추세요!"

방향을 잃었다면 즉시 멈추고 다시 원점에서 시작해도 괜찮습니다. 그런데 안타깝게도 한국 사람들은 멈추는 걸 굉장히 두려워합니다. 앞만 보고 달리고 누군가를 앞지르는 것에 칭찬을 들어왔기 때문이죠. 심지어 가족에게조차 지지를 받지 못하고 눈치를 보기도 합니다. 이럴 때 단 한 사람이라도 "쉬어가도 괜찮다"고 이야기해주는 사람이 있다면 다행입니다.

사실과 감정을 떨어뜨리는 훈련을 해보신 적이 있으신가요? 감정이 곧 나라고 생각한 나머지 사실을 사실로 받아들이

지 않고 감정이 곧 나라고 착각을 합니다. 그래서 모든 순간을 감정적으로 대응하는 데 많은 에너지를 소진합니다. 하지만 감정을 사실과 분리하는 훈련을 하다 보면, 나와 감정 사이에 틈이 생기고, 그 사이에는 사실을 바라보는 관찰의 눈이 생깁니다. 그때부터는 화가 나더라도 잠시 멈춰서 상황을 감정이 아닌 사실로만 바라보게 되고 점차 그 상황을 이해하기 시작합니다. 이처럼 멈추면서 생기는 간격에 집중하는 것이 중요합니다. 지금부터 가던 길에서 방향을 잃거나 자신감이 떨어졌을 때 행동할 수 있는 3가지 요령을 알려드립니다.

첫째, 잠시 멈추고 주변에 도움을 청하세요. 스스로를 객관적으로 바라보기 힘들면 나를 객관적으로 봐줄 대상을 찾는 것도 방법입니다. 유튜브가 2천 명이 넘어가면서 고민이 하나 생겼습니다. 책 쓰기 코칭에 대한 콘텐츠만으로 채널을 키우는 것은 한계가 있다는 생각이 들었고, 그러면 어떤 방향으로 확장시켜 나가야 할까 굉장히 막막했습니다. 그때 예전에 제 수업을 들었던 한 분이 유튜브 크리에이터로 잘 성장하고 계시는 것을 목격했고, 그분에게 유료 컨설팅을 의뢰했습니다. 그때 채널의 장단점과 더 커나가기 위해서 어떤 점들이 필요한지 데이터들을 보면서 파악할 수 있었고, 알고는 있었지만 피하고 싶었던 부족한 점들을 인정할 수 있었습니다. 덕분에 채널을 재정비했고, 장기적으로 나아가고자 하는 방향을 잡을 수 있었습니다. 만약 돈을 내는 것이 부담이 된다면 주변에 나보다 한 발짝 앞서간 분들에게 고민을 상담해보는 것도 좋은 방법입니다. 그리고 일대일이 부담된다면 커뮤니티에서 어울리는 분들께 자연스럽게 이야기를 꺼내보는 것도 추천합니다. 말 한마디를 꺼내는 것만으로도 나의 방향성에 큰 도움을 줄 사람을 만날 수도 있습니다.

두 번째, 잠시 멈추고 공부를 시작하세요. 그러면 다음 스텝이 보입니다. 1인 기업을 하다 보면 생각만큼 발전이 더딘 순간에 봉착합니다. 일은 산더미처럼 쌓여 가는데 그렇다고 수입은 늘지 않고, 점점 갇힌 것 같은 느낌이 드는 때가 있습니다. 그래서 지금 내가 잘하고 있는 건지, 무엇에 더 집중해야 할지 갈피를 잡지 못합니다. 저 역시 꽉 막힌 순간이 있었습니다. 그때 이전에 한창 성장을 하고 있을 때는 어땠는지 회상하기 시작했습니다. 당시에 배우고 싶고 관심 있는 강의를 들으러 쫓아다니고 사람들을 만나면서 나에게 어떻게 접목해볼 수 있을까 많은 고민을 하고 외부 정보와 트렌드에 저를 많이 노출시켰습니다. 수많은 인풋 덕분에 안목이 늘고 성장하는 데 큰 도움이 되었습니다. 그때 느꼈습니다. 예전과 다르게 내 일에만 너무 몰두한 나머지 주변과 교류가 극히 적었고 제 판단과 생각에만 의존했던 시간을 보내고 있었다는 것을요. 물론 인풋과 네트워킹에만 의존하는 것도 위험합니다. 하지만 고인 물이 썩는 것처럼 적절한 인풋이 필요합니다. 그러면 무엇을 공부해야 할까요?

〈배움을 돈으로 바꾸는 기술〉의 저자 이노우에 히로유키는 자신의 직감을 따라가라고 합니다. 그것이 결국 잠재의식에서 끌어당기고 있기 때문에 여러 배움 들이 조화를 이룰 수 있다고 말합니다. 그러니 분야 상관없이 책, 강의, 유튜브, 세미나, 컨설팅 등 어떤 것이든 끌리는 것들을 먼저 공부해보세요. 깊이 있게 공부할수록 자신감이 생깁니다. 그리고 배움이 쌓일수록 설령 다른 분야를 공부하더라도 충분히 나에게 접목시키고 두 분야를 융합시키는 창의적인 아이디어가 떠오릅니다. 배움에 인색해지지 마세요.

세 번째, 잠시 멈추고 예전의 기록들을 살펴보세요. 당신이 어디로 가야 할지를 보여줍니다. 벤저민 그레이엄은 과거를 기억하는 건 앞으로의 방향성을 정하는 데 굉장히 중요하다고 말했을 정도니까요. 종종 주말을 틈타 대청소를 할 때면 꼭 예전에 썼던 일기나 메모장에 시선이 끌립니다. 그렇게 우연히 펼친 기록을 보다 보면 없던 열정도 다시금 샘솟기도 하는데요. 2~3년 전의 기록에서는 '참, 이때 여기저기 배우러 열심히 다녔었구나' 하면서 그때 열심히 했던 모습에 기특한 마음도 듭니다. 그리고 그때 심각하게 했던 고민들이 지금 보면 '그렇게 큰 걱정거리는 아니었는데' 싶기도 하지요. 이처럼 하루하루를 기록하는 게 아무것도 아닌 것 같지만 일기는 지금의 나를 만든 과정들을 관찰할 수 있는 유용한 수단입니다. 그뿐 아니라 책을 읽고 강의를 듣고 느낀 점 배운 점들을 적은 것을 훑어보는 것도 도움이 됩니다. 때로는 메모장에 적기도 하고 어떤 때는 블로그에 기록으로 남기기도 하지요. 무엇이든 좋습니다. 그 기록들을 다시 보다 보면 무심코 기록했던 묵은 스케치가 지금 충분히 활용이 가능한 빛나는 아이디어가 되는 경우도 있고, 배운 내용이 다시 떠오르면서 지금 내가 부족한 부분은 무엇인지를 캐치하는 데 도움이 되기도 합니다.

지금뿐만 아니라 앞으로 나아가면서도 계속 길을 잃지 않으려면 기록하는 습관이 필요합니다. 지금 하고 있는 일의 방향성을 잃어서 어떻게 해야 하나 걱정이라면 제가 말씀드린 3가지 중 한 가지라도 시도해보세요. 방황하는 시간을 단축시킬 수 있을 테니까요!

초보 1인 기업가의 37가지 실수

오랜만에 만난 친구가 요즘 부동산 공부를 시작했다며 이런 말을 합니다.

"20대에 알았더라면 좋았을 텐데…."

그런데 제 생각은 달랐습니다.

"20대에 알더라도 크게 와 닿지 않았을 거야. 시간이 지나고 경험을 통해서 '아, 이게 이런 말이구나'라고 깨닫게 되지 않을까?"

친구가 공감을 하더군요. 다만, 인지를 하고 있다면 나중에 여러분이 시행착오를 겪을 때 그때 언급했던 것을 떠올려 올바른 방향으로 갈 수 있습니다. 그러니 지금 당장 나의 문제는 아니어도 알아둔다면 추후에 큰 도움이 되실 겁니다. 저 역시 경험을 통해서 하나둘 내 것으로 만들어갔지만, 그 과정에서 어떤 게 더 바른 길인지 체크하는 것은 이전에 멘토님이 스쳐 지나가면서 알려 주셨던 말씀들이 기준을 만드는 데 도움이 되었기 때문이죠. 나중에 1인 기업가로 활동하시면서 이 책을 다시 한번 보신다면 그때는 무심코 지나쳤던 문장들도 다시 보일 수 있습니다. 그럼 초보 1인 기업가들이 무조건 하게 되는 3가지 실수를 살펴볼까요?

첫 번째, 우선순위의 중요성을 간과합니다. 회사처럼 9 to 6 같은 출근과 퇴근 개념이 없어지다 보니 1인 기업가에게는 물리적 시간과 함께 심적으로 여유가 생깁니다. 여유 있게 일을 시작하고 마음먹기에 따라 일을 멈춥니다. 일을 주도적이고 융통성 있게 할 수 있다는 큰 장점이 있는 건 맞지만, 그에 못지않게 큰 단점도 있습니다. 자신이 일의 경중과 우선순위를 구분하지 못하면, 소득 없이 일주일을 흘려보내고 곧 생산성이 없는 한 달이 되어 버릴 수 있습니다. 그것은 곧 성장과 매출에 직격타를 입게 되면서 조급함과 불안함으로 이어집니다. 물론 프리랜서로 활동하면서 수입이 불규칙한 건 어쩌면 당연합니다. 하지만 일을 하는 방식에서 안정을 찾지 못하다 보니 스스로에게도 자신감이 떨어집니다. 이게 지속되면 제대로 일을 하지 않는 자신에게 화가 나기도 하고, 성장하지 못하는 자신의 앞날이 걱정되면서 번아웃이나 슬럼프에 빠질 수 있습니다.

노력과 성과로 바라본 파레토 법칙은 20%의 노력이 80%의 성과를 좌우한다고 해석할 수 있는데요. 주의할 점은 적게 노력해도 괜찮다는 것이 아니라 가장 중요한 일에 에너지를 쏟으라는 의미입니다. 일반적인 시간을 뜻하는 크로노스와 기회를 만들어 내는 시간인 카이로스가 있습니다. 우리가 의식적으로 기회를 잡기 위해서는 중요한 업무에 힘을 쏟는 카이로스 시간을 반드시 확보해야 합니다. 직장에서 바쁘게 일했다는 착각 혹은 바쁘게 일해야 인정받는 느낌을 받으셨다면 이제는 그 프레임을 버려야 할 때입니다. 바쁘게 전화를 받고 이메일을 확인하고 메신저 답장을 하는 것보다 나를 성공으로 이끌어줄 가장 중요한 업무에 매진하는 하루를 사는 것이 1년 농사를 봤을 때 훨씬 더 수확이 있지 않을까요?

거꾸로 생각해보면 연말에 한 해를 돌이켜보는 상상을 해보면 좋겠습니다. '올 한 해는 내가 어떤 성취와 성과를 이끌어 냈지?' 질문을 던졌을 때 크게 기억에 남을 것이 바로 위에서 이야기한 파레토 법칙의 20%에 해당되며, 카이로스의 시간을 확보한 결과물입니다. 저에게는 올 한 해 그 무엇보다 중요했던 20%는 바로 '책 출간'입니다. 기본적으로 해야 할 일을 하지만 하루 속에서 가장 우선순위에 둔 것이 바로 글쓰기였죠. 우선

순위는 목적지에 이르도록 도와주는 징검다리입니다. 여러분도 당장 오늘 해야 하는 일을 넘어서 중장기로 반드시 나에게 도움이 되는 중요한 프로젝트가 무엇인지 체크해 보세요. 그리고 그 목표에 의식을 집중하고 행동하세요.

다음으로 1인 기업가가 가장 많이 실수하는 두 번째는 '피드백'입니다. 이전 직장에서 제조사를 만나면 공통적으로 느끼는 부분이 하나 있습니다. 그건 바로 '우리 제품이 최고 좋다'라는 자신감에 가득 차 있다는 것인데요. 제품에만 몰두하다 보니 실제 소비자들이 어떤 것을 원하고 신경 쓰고 있는지를 잊어버린 채 트렌드와는 동떨어진 제품을 자신 있게 선보이는 경우들이 있습니다. 많이 팔아 달라고 부탁하시는데 참 난해한 적이 있었습니다.

1인 기업가도 이와 비슷한 실수를 합니다. 콘텐츠도 내가 이야기하고 싶은 것 위주로 제작합니다. 남들이 별로 궁금하지 않은 내용을 열심히 만들고 있는 것이죠. 그렇다면 사람들이 원하는 콘텐츠란 무엇일까요? 간단합니다. 먼저, 주변 사람들에게 물어보세요. 이번 콘텐츠는 어땠는지, 다음에 듣고 싶은 것은 무엇인지, 요즘은 어떤 고민을 해결하고 싶은지 등등을 말이죠. 직접 물어볼 수도 있고 소셜 미디어에 질문을 띄워 놓아도 좋습니다. 또는 내 콘텐츠를 소비하고 있는 사람들에게 직접 메시지를 보내서 물어보는 것도 좋은 방법입니다.

피드백을 조금 더 세부적으로 쪼개면 2가지 종류가 있습니다. 복기復棋와 피봇Pivot을 적극 활용하는 것입니다. 우선 복기는 바둑용어로 바둑 대국이 종료된 후 다시 바둑을 재연해보는 것을 뜻합니다. 1인 기업을 하면서 꼭 재연까지 할 필요는 없지만 복기를 접목하면 다음에 언급하는 부분에서 도움을 받을 수 있습니다. 예를 들어, 저는 강의를 마치고 나면 그날 바로 복기를 합니다. 수강생이 몇 명이며 특징은 어땠는지, 강의 흐름은 어떻게 진행되었는지 기억나는 대로 적습니다. 또한 개인적으로 아쉬운 부분과 함께 다음에는 조금 다르게 해보는 것은 어떨지를 함께 적어놓습니다. 그리고 함께 진행하는 팀원들과 이 부분에 대해서 각자의 의견도 받아 다음 강의에 반영합니다. 진행 방식을 더 세련되게 하기 위한 것이 복기라면 다음으로 이야기하는 피봇은 실제 사용자들의 의견을 반영하여 강의 구성을 더 탄탄하게 채우는 데 사용합니다.

우선 피봇Pivot은 스타트업에서 주로 사용되는 용어로, 초기 사업 모델을 시장의 반응에 맞춰 빠르게 변화시키는 것을 뜻합니다. 복기는 스스로 아쉬웠던 부분을 체크해보는 데 중점을 두었다면 피봇은 실제 고객들의 목소리를 듣고 빠르게 다음 강의에 반영해서 더 촘촘하고 만족스러운 강의로 만드는 데 사용합니다. 최근에는 강의가 끝나면 설문지를 통해서 의견을 받습니다. 어떤 점이 만족스럽고 부족했다면 어떤 점을 보완했으면 좋겠는지 말이죠. 설문지의 좋은 점은 강사가 판단하는 것을 넘어서 디테일하게 수강생 의견을 체크해볼 수 있다는 점입니다.

    마지막으로 세 번째는 혼자만의 생각과 판단에 쉽게 갇힐 수 있다는 점입니다. 1인 기업가가 혼자서 일을 하지만, 바깥세상은 어떻게 돌아가고 다른 사람들은 어떤 가치관을 갖고 살고 있는지 접하는 노력도 소홀히 해서는 안 됩니다. 내 사업의 방향성이 어디로 흘러가고 있는지 비전은 있는 것인지는 알고 있어야겠지요. 또한 혼자서 일을 하다 보면 스트레스 역시 혼자서 감당하고 이겨내야 합니다. 때로는 스트레스가 쌓여 일을 손에 놓게 되는 경우가 있는데요. 그럴 때일수록 틈틈이 주변 동료들에게 속마음을 털어놓을 수 있는 커뮤니티를 가지고 있는 것이 필요합니다. 꼭 힘든 일이 아니더라도 나와 비슷한 1인 기업가들이 어떻게 일하는지도 함께 나눌 수 있습니다. 모를 땐 물어보고 힘들 땐 의지할 수 있는 커뮤니티를 찾아보세요.

    1인 기업을 이제 막 시작하셨거나 준비 중이라 어떤 태도가 필요한지 몰라서 걱정이라면 위에서 말씀드린 3가지를 참고해보세요. 안정적으로 성과를 내는 데 분명 도움이 되실 겁니다.

불안한 마음이 들면 질문해보라

소동파의 '일장춘몽_一場春夢_'은 인생의 덧없음을 표현하는 데 자주 쓰입니다. 하지만 더 큰 뜻으로 보자면 '이 삶이 큰 꿈이다'로도 해석할 수 있는데요. 한창 자잘한 일들로 스트레스받으며 아등바등하고 있던 시절, 한 선배님이 제게 이런 말씀을 해주셨습니다.

"고 대표, 내가 30대 때는 돈만 봤어. 신이 나에게 주는 메시지이고 사명이라고 생각하지 못하고 말이야."

그 말은 마치 불안에 흔들거리는 제 두 팔을 딱 잡는 느낌이었습니다. 그러고는 한 말씀을 덧붙이셨습니다.

"지금 나는 삶으로 예배를 드리고 있는 것 같아."

종교를 떠나서 이 삶이 하나의 큰 꿈임을 알게 해주셨습니다. 덕분에 삶을 담는 그릇과 시각을 이전보다 더 키울 수 있었습니다.

1인 기업을 준비하거나 현재 종사하고 있는 분들도 각각 고민이 있으실 겁니다. 직장이 내 평생을 책임져 주지 않을 것 같아서 1인 기업을 하고는 싶지만 내가 잘할 수 있을지 걱정이고, 막상 1인 기업이랍시고 차렸는데 계속 이렇게 사는 게 맞는 건지 모르겠다는 분들도 있으실 겁니다. 충분히 이해합니다. 저 역시 그랬습니다. 그럴 때 삶을 바라보는 시각을 키우면서 구체적으로 어떻게 불안감에서 벗어날 수 있었는지를 소개하겠습니다.

그것은 바로 문제를 적고 Why - How -What 의 접근법을 활용하는 것입니다. 처음에는 그 문제를 왜 느끼는지 이유를 적어봅니다. 그런 다음 해당 문제를 어떻게 하면 해결할 수 있을지 떠오르는 대로 적어보는 것이죠. 그것을 적다 보면 지금 당장 내가 할 수 있는 것들이 눈에 보이기 시작합니다. 별것 아닌 것 같지만 이 과정을 통해 부정적인 감정에 매몰되지 않고 객관적으로 상황을 바라볼 수 있습니다. 특히나, 생각했던 것만큼 심각하지 않은 문제라고 깨닫게 되실 거예요. 예를 들어 보겠습니다.

[문제 1]

1인 기업으로 일은 하고 있지만 매출이 늘지 않아 불안하다.
- Why : 매출이 늘지 않는 이유는 무엇일까?
  ⇒ 신규 고객이 늘지 않아서.
- How : 신규 고객을 늘리려면 어떻게 해야 할까?
- What : 지금보다 더 적극적으로 주변 커뮤니티에 홍보하고, 열심히 댓글을 달아준다.

(여기서 더 구체적으로 나아가고 싶다면 한 번 더 what을 질문해도 좋습니다. '이 중에 무엇부터 해야 할까?'라고 질문하면 자신만의 우선순위 To do list를 만들 수 있습니다.)

[문제 2]

1인 기업을 하고 싶은데 내가 잘할 수 있을까 걱정이다.
- Why : 잘할 수 있을지 왜 걱정부터 앞설까?
  ⇒ 준비를 제대로 하고 있지 않아서.
- How : 그렇다면 준비를 어떻게 해야 할까?
- What : 1인 기업에 관한 책을 읽으면서 어떤 준비를 해야 할지 리스트 업을 해본다, 1인 기업 강사들의 교육을 참석해 들어본다.

 부정적인 감정은 종양과도 같습니다. 손을 쓰지 않으면 계속 커져서 우리 몸을 굉장히 해롭게 만들기 때문이죠. 위처럼 간단한 방법으로도 종양을 소멸시킬 수 있습니다. 종이와 펜을 챙겨서 가볍게 자연을 바라볼 수 있는 카페를 가서서 좋아하는 커피를 시켜놓고 여유 있게 위의 방법대로 적어보세요. 만약 처음부터 이 공식대로 생각하는 것이 어렵다면 이렇게 해보세요. 질문을 던지고 그에 대한 Why(왜 그럴까?)를 꼬리에 꼬리를 물고 이 감정의 근원이 어디서 왔는지 찾아보아도 좋습니다. 마음이 한결 가벼워지고 나면 저절로 How와 What이 떠오를 수 있습니다.

다음으로는 나의 존재 혹은 내 일이 사람들에게 어떤 의미를 줄 수 있을지 생각해보세요. 이것에 집중하면 단기적인 성과에 휘둘리지 않게 됩니다. 내가 이 일을 하는 궁극적인 목표가 무엇인지 생각해보신 적이 있나요? 어느 정도의 부를 거둔 사람들이 책을 쓰고 강연을 하는 이유는 비슷합니다. 사람들은 누구나 주변 사람들에게 긍정적인 영향을 끼치고 싶어 하기 때문이죠.

돈이 전부가 아니라는 걸 깨달은 적이 있었습니다. 한 대표님과 이야기를 나눌 기회가 있었는데요. 지금 충분히 돈을 잘 벌고 계셔서 돈에 대한 스트레스는 없을 거라 생각했습니다. 하지만 업계 내에서는 늘 한 해 매출에 대한 신경전을 벌이느라 같이 만나도 웃는 게 웃는 게 아니라며 솔직히 배 아프다고까지 말씀하셨습니다. 우리는 서로의 견제와 경쟁보다 조금 더 뜻깊은 과정을 만들 수 있지 않을까요? 단순히 경쟁에서 이기고 돈을 버는 것이 궁극적인 목표는 아니어야 할 것 같습니다.

실제 죽음이라는 것을 생각하면 '남은 생을 이렇게 살아야겠다'는 생각을 저절로 하게 됩니다. 저는 효원 힐링센터라는 곳에서 임종체험을 한 적이 있습니다. 물론 연세가 있으신 분들이 남은 생을 어떻게 잘 마무리할 것인가를 위해 듣는 프로그램이기도 했지만, 실제로 체험을 해보니 불안해하고 방황하는 젊은 청년들에게도 꼭 필요한 프로그램이었습니다. 실제 입관 체험도 해보고 장례 사진도 찍어보고 직접 유서도 적어보았습니다. 좁고 캄캄한 관 속에 누워있는데 아주 짧은 시간이지만 정말 많은 생각이 들었습니다. 탐냈던 물질적인 것들은 모두 소용이 없다는 것을 깨달았습니다. 오직 유일하게 가져갈 수 있는 건 단 하나였습니다. 가족들과 웃으며 따뜻한 밥 한 끼를 한 기억이었습니다. 다음으로 유서를 쓸 때는 이번 생을 잘 살았다는 말과 더불어 남은 가족들에게 남기고 싶은 말을 전했습니다. 저도 모르게 주변에 많이 베풀고 간다는 말과 함께 남은 이들에게도 베푸는 삶을 살라는 이야기를 쓰고 있더군요.

    돈을 생각하지 말라는 것이 아닙니다. 내가 하는 일로 누군가를 도울 수 있다는 더 큰 이타적인 목적을 갖는 것의 중요성을 전하는 겁니다. 이러한 목표를 가지면 무슨 일을 하느냐는 그리 중요하지 않습니다. 큰 목적을 이루는 수단일 뿐이니까요. 그런 의미에서 이 책도 길을 헤매고 있는 분들에게 빛을 밝혀주는 작은 등불이 되기를 소망합니다.

전문가 수준이 아니라서 고민이라면

　솔직하지 못할 때 오히려 더 힘을 주게 되고 탈이 나는 경우를 겪은 적이 있습니다. 강의를 하거나 컨설팅을 할 때 다 잘할 수 있는 것처럼 이야기해버리면 고객의 기대치는 올라가게 되고 거기서 고객이 느낀 격차는 컴플레인으로 이어졌습니다. 이런 경험을 통해서 내 역량을 솔직하게 말하는 연습을 했더니 오히려 인정을 받고 격려를 받았습니다. 만약 여러분 스스로 "나는 전문가가 아닌데 사람들을 가르쳐도 되는 걸까?"라는 고민이 있다면 '솔직함의 미덕'을 꼭 기억했으면 좋겠습니다. 솔직함을 활용하는 3가지 방법을 알려드릴게요.

첫째, 솔직함을 전략적으로 이용하세요. 강의를 예로 들어보겠습니다. 처음 오픈하는 강의이기 때문에 서툰 부분이 있는 것은 당연합니다. 그런데 처음부터 비싼 금액을 책정해버리면 가격에 해당하는 그 이상의 가치를 주기엔 다소 무리가 있습니다. 그래서 초반에 진행하는 강의나 서비스는 무료로 혹은 1만 원 정도로 아주 저렴하게 판매를 시작해보세요. 저렴한 가격으로 시작한다면 판매자와 소비자 사이의 리스크를 최대한 낮출 수 있습니다. 무료라면 더 말할 것도 없겠지요.

한 상품을 사더라도 각 업체의 리뷰를 보고 결정하는 것처럼 그만큼 시작 단계에서는 좋은 후기를 만드는 게 우선적으로 필요합니다. 참고로 후기를 받는 팁을 드리자면 확실한 기버giver가 되는 것입니다. 강의에서 다룬 내용 외에 고객들이 필요할 만한 자료나 영상 등을 추가로 주는 겁니다. 단, 후기를 남기는 조건으로 말이죠. 제가 처음 오픈했던 전자책 쓰기 강의에서는 파격적인 제안을 했었습니다. 처음 하는 코칭이라 경험이 부족하기에 원하는 수강생에 한해서 한 달간 책을 쓰고 출간할 수 있게 코칭을 해주는 조건을 내걸었습니다. 수강생들은 전문가가 아니라는 생각보다 오히려 큰 서비스를 받는 생각에 크게 기뻐했습니다. 덕분에 책까지 나오는 좋은 본보기 샘플을 만들 수 있었습니다. 처음이라고 겁먹지 마세요. 솔직하고 확실한 기버giver가 고객에게 더 좋은 인상을 남길 수 있으니까요.

둘째, 스스로에게 솔직해지세요. 여러분은 대단한 것을 가르치는 사람이 아니라는 것을요. 각자 익은 정도마다 그것을 가르칠 수 있는 집단이 다를 뿐입니다. 그리고 자신감을 가지세요. 여러분은 강의를 하는 게 처음이지, 가르치는 콘텐츠의 경력은 처음이 아니라는 것을요. 여러분의 강의를 들을 고객은 누가 될까요? 아마도 이제 막 배워보려는 분들, 즉 입문자가 될 겁니다.

생각보다 많은 사람이 시작을 두려워합니다. 하지만 여러분은 시작을 했다는 것만으로도 그들에게는 어떻게 시작할 수 있는지를 충분히 말해줄 수 있는 입장이라는 겁니다. 대단한 것을 가르쳐야 한다는 건 욕심입니다. 이 책 역시 엄청 대단한 것이 아니라 여러분의 시작에 도움이 될 수 있도록 쓴 것이고요.

셋째, 열등감을 인정하세요. 인정하는 순간부터 열등감은 더 이상의 부정이 아니라 긍정적인 성장의 동력이 됩니다. 한동안 잘못된 전문가 프레임에서 벗어나지 못한 적이 있었습니다. 이미 전문가처럼 보여야 한다는 생각 때문에 부족한 게 용납이 안 되었지요. 혹여나 그것도 모르나 하고 생각하실까 봐 대충 아는 것처럼 행동했습니다. 점차 시간이 흐를수록 감추는 것은 곪게 되고 시간이 지나 썩게 되더라고요. 오히려 당당하게 모르는 건 '모른다, 알아보고 알려 주겠다'라고 하는 게 더 신뢰가 간다는 걸 뒤늦게 알게 됐죠. 이렇게 스스로 부족함을 인정하게 되는 순간 그동안의 열등감은 열정으로 바뀌게 됩니다. 덕분에 그 에너지를 나를 성장시키는 동력으로 쓸 수 있어요. 반면에 강의에서 부족한 점을 느끼고 인정했다면, 다음 번 강의에 보충할 내용을 찾아서 보완해 나가는 데 에너지를 사용하게 됩니다. 혹은 기존 수강생들에게 더 보완된 내용을 전달해주기도 하죠. 수강생 입장에서는 강사의 부족함보다 더 줬다는 기버giver로서 여러분을 기억하게 됩니다. 그렇게 점점 차수를 늘릴수록 여러분 스스로 건강하게 성장하는 선순환이 이뤄집니다.

첫째, 확실한 기버(giver, 주는 사람)가 되자.
둘째, 자신이 대단한 사람이 아니라고 스스로에게 솔직해지자.
셋째, 열등감을 인정하고 그것을 성장하는 동력으로 활용하자.

뭐든지 시도해보기 전에는 두렵기 마련입니다. 하지만 막상 시도해보고 '별거 아니네'라는 느낌을 받게 되는 순간 '두려움은 내 안에서 만든 허상일 뿐이구나'라고 느끼는 것 같아요. 그동안 불안한 마음에 시도하지 못한 것들, 애써 감추려 했던 것들로부터 가벼워지는 여러분이 되었으면 합니다.

PART 4

날고 기는 사람들과 경쟁하지 않고 살아남는 법

페르소나를 만들고 각인시키는 방법

'페르소나는 가면을 뜻하는 희랍어로 개인이 사회적 요구들에 대한 반응으로서 밖으로 내놓는 공적 얼굴이다.'

가면만 바꿔도 한 사람이 여러 역할을 도맡아 할 수 있다는 장점이 있습니다. 여러 개의 부캐를 가지고 있는 분들이 이에 해당하지요. SNS를 하다 보면 현재 계정에 올리기 애매한 콘텐츠들이 생깁니다. 그래서 부계정을 따로 만들어 운영하게 되죠. 한 사람이 만든 계정이지만, 어떤 계정에서는 보다 일상적이고 발랄한 나의 모습을 드러내고, 또 다른 계정에서는 음식을 사랑하는 모습을 공유하기도 합니다. 그 외에도 자신이 영감을 받는 자료들을 아카이빙하는 용도로 활용합니다.

소설이나 드라마를 보면 다양한 등장인물들이 나오고 인물마다 다른 성향들을 가지고 있습니다. 나이, 살아온 배경, 성격, 외모, 옷 스타일, 말투, 걸음걸이, 취향, 동작 등으로 캐릭터 고유의 페르소나를 만들어 냅니다. 여러분이 드라마 작가라고 가정해보겠습니다. 극 중 인물의 페르소나를 만들지 않고 작품을 만든다면 그 작품은 어떨까요? 아마도 굉장히 무미건조하고 비슷비슷한 인물들로만 작품이 채워질 위험이 있습니다. 만약 나의 페르소나가 뚜렷하지 않다면 어떻게 될까요? 이제 충분히 페르소나가 어떤 역할을 하는지 이해하셨을 것 같네요.

그렇다면 페르소나를 만드는 간단한 방법은 뭐가 있을까요? 인스타그램 마케팅을 알려주는 것으로 브랜딩을 키우기 시작한 유튜버이자 퍼스널 브랜딩 전문가인 드로우앤드류 님을 예로 들어 보겠습니다. 이 분을 떠올리면 여러 가지를 자연스럽게 연상할 수 있습니다. 초록색, 두유, 인스타그램 마케팅, 미국에서 경험을 쌓은 젊은 청년, 친절한 상담, 부드러움 등등. 이제 반대로 여러분을 떠올렸을 때 어떤 이미지를 떠올릴 수 있는지 적어보세요. 어울리는 색깔, 느낌, 말투, 이미지, 취향 등 특징을 많이 적어보는 연습을 할수록 나중에 나만의 고유의 이미지를 만들기가 수월해집니다. 자, 이제 다 적으셨나요? 그렇다면 다음으로 할 작업은 이 중에 어떤 것을 대중들에게 표현할 것인지를 체크합니다. 여기까지 마무리하면 여러분의 페르소나 선정을 마치신 겁니다.

하지만 페르소나를 설정했다고 끝은 아닙니다. 이제 페르소나를 고객들에게 각인시키는 작업이 필요합니다. 참고로 페르소나가 잡혀있는 상태에서 각인시키는 것과 그렇지 않고 무분별하게 각인시키는 것은 효율성 면에서 큰 차이를 보입니다. 예를 들면, 유재석 님처럼 따뜻한 조언가의 페르소나를 잡았다면, 그것을 원하는 사람들이 몰리게 될 것입니다. 하지만 갑자기 이런 상황에 김구라 님처럼 직설 화법을 쓴다면 기존에 따뜻함을 좋게 느낀 분들은 굉장히 당황스러울 겁니다. 그렇기 때문에 자신의 이미지를 명확히 설정하는 것이 중요합니다.

그리고 '통일감'을 주었을 때 쉽게 사람들에게 각인시킬 수 있습니다. 브랜드적인 관점에서도 통일성은 다양한 것에서 줄 수 있습니다. 폰트, 컬러, 말투, 메시지, 로고 등으로 하나의 이미지를 주기에 충분합니다. 가장 먼저 지정된 컬러를 사용하면 큰 틀에서 통일감을 주는 것이 쉬워집니다. 예를 들어, 파란색을 보면 의도하지 않았음에도 떠오르는 특정 브랜드가 있지 않으신가요? 누군가는 파리바게트를, 누군가는 삼성을, 누군가는 아디다스를 연상합니다. 그리고 초록색을 보여 주면 누군가는 네이버를 말하고, 누군가는 스타벅스를 이야기합니다. 유튜브를 하면서 크게 손을 봤던 것 역시 컬러였습니다. 물론 파란색을 좋아해서 자주 쓰는 컬러이긴 했지만, 썸네일을 만들 때마다 예쁘다고 느끼는 컬러를 사용해서 전반적으로 볼 때는 통일감보다는 알록달록 시선이 많이 분산되었습니다. 또한 유튜브 외에 다른 채널에서 타이틀 색깔을 다르게 쓰다 보니 제가 운영하는 채널들마다 사용자들에게 이곳이 하나의 메시지를 주고 있는 곳인지에 대한 확신을 주지 못했습니다. 그런데 브랜드 컬러를 전반적으로 통일했더니 분산되었던 퍼즐을 드디어 하나로 맞출 수 있었습니다.

그다음으로 각인시킬 수 있는 것은 폰트입니다. 배달의 민족은 폰트로 브랜드를 각인시킨 대표적인 사례입니다. 그렇다고 개인이 또는 회사가 나서서 폰트를 만드는 것은 사실상 매우 어렵습니다. 그렇기 때문에 정해진 폰트만 사용하더라도 사용자에게 안정감을 줄 수 있습니다. 컬러 못지않게 폰트 역시 작업을 하다 보면 그날그날 끌리고 표현하고 싶은 폰트가 달라집니다. 그렇지만 되도록 일관적인 메인 폰트를 써주면서 강조하고 싶거나 부가설명을 해야 하는 부분에 다른 폰트를 사용하는 것도 하나의 방법이 됩니다.

다음으로는 메시지를 각인시키는 방법입니다. 오프라인에서도 충분히 보여 줄 수 있지만, 온라인에서는 어떻게 보여 줄지 어렵기만 합니다. 그래서 제가 쉽게 따라 할 수 있는 방법을 알려드리겠습니다.

가장 먼저 처음에 정했던 이미지를 나열합니다. 그리고 어느 분야의 전문가로 인식시키고 싶은지도 적어 봅니다. 예를 들면, 친절한 상담가의 이미지를 적었다고 가정해보겠습니다. 친절한 상담가의 이미지를 고객들에게 어떻게 보여줄 수 있을까요? 여러분도 이 글을 읽으면서 같이 상상해보시면 좋겠습니다. 친절한 상담가의 이미지는 여러 방법으로 보여 줄 수 있습니다. 대면/비대면으로 무료 상담을 해주는 콘텐츠를 만든다든지, 누군가 남긴 질문에 일일이 친절하게 댓글로 상담해주는 것도 방법이 되겠네요. 그뿐 아니라 고객들에게 해결책을 제시할 때도 쉽게 따라 할 수 있는 방법을 안내한다면 어렵게 설명하는 이들보다는 친절하게 느껴지지 않을까요? 반대로 여러분이 친절하다고 느끼는 사람들은 어떤 특징을 가지고 있는지 살펴보는 것도 참고하는 데 큰 도움이 됩니다.

다음으로 자신을 독서지도 전문가로 각인을 시키고 싶다고 가정해보겠습니다. 적어도 독서지도에 대한 콘텐츠를 많이 발행하는 것이 우선되어야 합니다. 사람들은 표현하고 드러내지 않으면 우리가 무엇을 열심히 하고 있는지조차 모릅니다. 적어도 독서를 잘하는 방법을 전달하는 사람으로 알게 하기 위해서는 그에 관련한 콘텐츠를 꾸준하게 발행하는 것이 중요합니다. 그래야 잊혀지지 않은 전문가가 되는 것이죠. 이렇게 인지되어 있다면 그 분야를 생각했을 때 바로 떠올릴 수 있는 사람이 될 수 있습니다.

이렇게 페르소나를 만들고 각인시키는 방법을 안내해드렸는데요. 영원한 것은 없다는 말처럼 한 번 설정한 페르소나도 점차 다듬어 가면서 발전을 거듭해야 합니다. 한 방으로 해결하려는 모습보다 꾸준하게 자연스럽게 물들이세요. 처음부터 이런 페르소나를 완벽히 갖춰야 한다는 부담감을 가지신다면 시작이 어려워집니다. 어설프더라도 점차 완성도를 높여가는 것이 훨씬 더 빠르고 안전하게 가는 길입니다. 그렇다면 여러분을 어떻게 고객들에게 각인시킬 것인지 다음의 질문에 차근차근 답을 해보세요.

1. 나를 어떤 전문가로 인식시키고 싶나요?
2. 어떤 분위기로 각인시키고 싶나요? (예를 들면, 친절한 상담가 느낌, 친근한 선배 느낌, 따뜻한 위로를 잘해주는 느낌 등등)
3. 2번에서 이야기한 분위기를 각인시키려면 어떤 노력이 필요할까요? (예를 들면, 친절한 상담가로서 댓글을 하나하나 세심하게 달아준다. 또는 고객들의 궁금증을 해결해주는 콘텐츠를 발행한다 등등)
4. 내가 만든 페르소나를 조금 더 각인시킬 수 있는 외형적인 요소는 무엇이 있을까요? (브랜드 컬러, 말투, 폰트, 자주 쓰는 인사 등등)

선의가 연결고리를 만든다

'선순환'은 인풋과 아웃풋이 균형을 이룰 때 발생합니다. 기업의 경우 적절한 투자와 회수로 선순환을 만듭니다. 1인 기업가에게 회수는 자신의 교육이나 서비스를 판매해서 얻는 수익이 되겠지요. 그렇다면 1인 기업가에게 투자는 무엇일까요? 아마 누군가는 공부를 하는 것이 인풋이라고 생각할 수도 있겠지만, 공통적으로 해야 하는 노력은 바로 콘텐츠를 꾸준히 쌓는 것입니다. 이를 통해 자신만의 확고한 콘텐츠를 증명할 수 있을 테니까요.

우연히 유튜브 영상을 보다가 혹은 책을 읽고 해당 인물에 대해서 더 알고 싶어서 더 많은 정보를 검색해 읽어보신 적이 있으신가요? 때로는 알고리즘이 이를 잘 도와주기도 하는데요. 만약 생각보다 노출도나 정보가 많지 않다면 무언가 그다음 액션을 취하기가 어려워질 것입니다. 물론 콘텐츠가 쌓이려면 시간이 필요하지만 적어도 전문성을 보여 주기 위해서 자신이 나누고 가르치는 분야에 대해서 기초적인 지식이 될지라도 콘텐츠로 만들어내는 연습이 필요합니다. 콘텐츠가 많을수록 그리고 많이 노출될수록 누군가 나를 발견할 확률이 커지게 되니까요. 가수들이 앨범을 내고 혹은 배우들이 작품을 찍고 난 뒤 라디오며 갖가지 예능 프로그램에 출연을 하는 이유가 바로 이와 같습니다. 나를 알리기 위해 콘텐츠를 꾸준히 발행하는 체력을 기르셨다면, 다음에 소개하는 '일감을 만드는 3가지 방법'으로 역량을 더욱 키워보세요.

첫째, 직접 제안하기입니다. 내가 운영하는 플랫폼 안에서만 활동하는 것은 한계가 있습니다. 그렇기 때문에 여러 방면으로 자신을 알리기 위한 방법으로 커뮤니티를 가지고 계신 운영자들에게 직접 제안해보세요. 저는 큰 외부 기관에만 강의 제안을 했었습니다. 인지도도 없고 강의 계획도 없는 상태에서 그들에게 이런 강의가 필요하지 않느냐고 무턱대고 제안을 했던 셈이죠. 결과는 성공률 0%였습니다. 알고 보니 큰 기관들은 그들이 직접 수소문해서 찾거나 주변에서 소개를 받아서 섭외

하는 방식이었습니다. 실제로 제가 제안을 받았을 때도 검색을 통하거나 지인의 추천을 받은 방식이었죠. 그런데 나중에는 등잔 밑이 어둡다는 것을 발견했습니다. 주변에 저와 같이 1인 기업을 하시면서 자신들의 플랫폼을 가지고 계셨던 분들도 굉장히 많다는 것을 망각했던 것이죠. 우연히 강의를 해보고 싶다고 제안한 50명 정도의 소규모로 운영하는 1인 기업 플랫폼도 활용할 수 있다는 것을 알게 되었습니다.

물론 여러 조건이 있습니다. 무료로 진행을 하는 대신 자신의 플랫폼을 홍보하거나 책을 홍보할 수 있고, 유료로 진행하는 강의인 경우 플랫폼 운영자와 수익을 나눠야 하는 것이죠. 이렇게 한 번씩 경험을 하다 보면 수강생들 중에서도 자신만의 플랫폼을 운영하고 계시는 분들이 또 자신의 커뮤니티에 와줄 것을 요청하는 경우도 있습니다. 그리고 운영자가 또 다른 플랫폼에 추천해주는 선물과 같은 기회가 늘어날 수 있다는 장점이 있습니다.

둘째, 만약 외부 기관에서 섭외가 와서 한 곳이라도 연결된다면 소중하게 인연을 맺으세요. 그러면 기회가 생길 때 가장 먼저 제안을 받을 수 있습니다. 소중하게 맺는다는 뜻에는 여러 의미가 함축되어 있습니다. 우선 기본적으로 주어진 일에 최선을 다하는 겁니다. 당연한 소리라고 하실 수도 있는데요. 사실 그 기본을 제대로 못 지켜서 신용이 깨지는 경우도 많습니다. 주최 측은 자신들의 수강생들을 만족시켜야 하는 부담감이 있습니다. 때문에 강사가 수강생들을 위해 열심히 준비하고 강의를 해주면 섭외를 잘했다는 안도감이 들 수밖에 없겠지요. 사소해 보이는 시간 약속 준수, 청결하고 깔끔한 복장, 친절하고 예의 바른 매너 등을 지켜주세요.

다소 급한 일정이 되더라도 부탁을 한다면 스케줄이 맞는 한 수락해주세요. 주최 측의 담당자도 결국 직장인입니다. 갑자기 강사진이 펑크가 나거나 다른 사정이 생겨서 염치불구하고 연락을 해온 것일 수 있으니까요. 분명 상대가 고마움을 느꼈다면 다음에 내가 처한 어려움을 해결해주거나 기회가 생겼을 때 가장 먼저 제안을 해옵니다. 그뿐 아니라 결국 사람 간의 일이기 때문에 한 번 더 그들에게 감사함을 표시하세요. '바쁘실 텐데도 꼼꼼히 챙겨주셔서 감사합니다'라고요. 굳이 강사가 갑이 되려고 하지 않고 인간적으로 소통하면 좋은 인연을 만들어 나갈 수 있습니다.

셋째, 당장 내게 돈이 안 되더라도 먼저 선의를 베푸세요. 흥부가 보상을 바라지 않고 제비의 다리를 고쳐 준 것처럼 말이에요. 그게 여러분에게 더 좋은 운을 가져다줄 겁니다. 물론 주의할 점도 있지요. 최근 한 회사에서 제게 인터뷰를 요청했습니다. 프리랜서들을 위한 서비스를 만들 계획인데 제 이야기가 듣고 싶다고요. 솔직히 제 이야기가 비즈니스에 얼마나 큰 도움이 되겠습니까. 그렇지만 만들어 가시는 과정에 단 하나라도 도움이 될 수 있다면 저 역시 매우 기쁘고 감사하다고 생각했습니다. 아는 선에서 최대한 다 얘기를 해드렸더니 별 기대를 안 하셨던 건지는 모르겠지만 정말 큰 도움이 되었다는 피드백을 받았습니다. 돈으로 이어지냐 아니냐를 떠나서 누군가의 앞길에 도움이 된다는 건 정말 뜻깊은 일이라 생각합니다. 그리고 이런 선행이 직접적인 보상을 주지 않더라도 좋은 인연이 될 수도 있고, 이런 마음을 가지는 분들이 많아야 나중에 또 여러분이 누군가에게 도움을 요청했을 때 또 누군가의 선의로 도움을 받을 수 있지 않을까요?

물론 아무에게나 선의를 베풀 수는 없습니다. 그래서 어느 정도 제 나름대로 정한 기준을 소개하겠습니다.

첫째, 상대의 제안이 정중한지 그리고 약속 장소, 시간과 같은 기본적인 것을 배려하는지를 봅니다. 모든 일의 중심은 사람입니다. 그렇기에 기본적으로 상대를 배려하는 태도가 없다면 설사 관계를 맺더라도 좋은 관계로 이어지기란 어렵습니다.

둘째, 상대가 무턱대고 나에게 너무 의지하려 한다면 배제시킵니다. 특히 요청하는 분야에 대해서 너무 모르거나, 자신들이 해야 할 기본적인 공부나 노력은 하지 않은 채 부탁하는 경우가 있습니다. 이는 설사 돈을 받고 일을 진행시키더라도 떠안아야 하는 업무와 책임감이 막중하기 때문에 일이 잘되면 본전이지만 안 되었을 경우엔 본전도 못 건지는 억울한 상황이 생길 수 있습니다.

셋째, 본업에 지장을 주지 않는 선에서 도와드립니다. 좋은 마음으로 돕지만 내가 해야 할 일들에 지장을 준다면 오히려 안 하느니만 못 합니다. 그래서 도움을 주기 전에는 확실하게 내 에너지와 시간이 얼마만큼 투입이 될 것인지를 고려해서 에너지 낭비를 최소화하는 것이 중요합니다.

경쟁자에게서 힌트를 얻어라

"다른 사람의 콘텐츠를 보고 솔직히 내가 할 수 있겠다 싶어서 도전해봤는데, 막상 결과물도 안 나오고, 하면서도 다른 사람들과의 비교 때문에 중간에 멈추게 되더라고요."

수업시간 중 한 수강생이 토로했습니다. 경쟁은 불가피하지만 경쟁에 집중하게 되면 스스로를 이 세상에서 가장 볼품없는 사람으로 만들게 되는 것 같아 안타깝습니다. 하지만 한편으로는 경쟁이 꼭 나쁜 것만은 아닙니다. 경쟁이 없다면 더 이상 발전하려고 노력하지 않게 되고 더 좋은 서비스를 내놓지 못하게 될 테니까요. 그렇다면 경쟁이라는 관점에서 벗어나 상대에게 힌트를 얻는다는 생각으로 접근해보면 어떨까요? 우리가 어떤 방향으로 콘텐츠를 만들고 나아가야 할지 알려줄 수단으로 말이죠.

    외국인 대상으로 운동 유튜브 채널을 운영하시는 분의 강의를 들은 적이 있습니다. 100만이 훌쩍 넘는 채널을 운영할 수 있었던 비결을 알려주셨는데 그중 하나로 '역공학'이라는 개념을 알려주셨습니다. 그분은 직장에 다닐 때 군사무기를 만드는 연구원이셨습니다. 무기를 만들 때 하는 과정 중 하나가, 바로 해외 무기를 가져와 일일이 하나하나 뜯어보면서 우리나라 기술을 입혀 다시 국산 무기를 만든다는 것인데요. 이것을 역공학이라고 표현했습니다. 그러면서 역공학이란 개념을 유튜브에도 전략으로 사용했습니다. 콘텐츠를 만들 때도 하나하나 경쟁 채널의 썸네일이나 콘텐츠 전략을 뜯어가면서 분석한 덕분에 주류와는 정반대의 콘셉트로 차별화했고 덕분에 구독 가치가 충분한 채널로 성장하게 되었습니다.

    그뿐 아니라 당시에 인도인을 대상으로 하는 콘텐츠를 만들고 있었을 때, 썸네일을 굉장히 고민했다고 합니다. 그때 인도 콘텐츠들의 썸네일 특징을 찾는 데 주력했고, 금색을 주로 사용한다는 것을 파악했습니다. 그리고 메인 글씨를 금색으로 활용해서 해당 영상도 많은 사랑을 받을 수 있었다고 합니다. 만약 단순한 경쟁이라는 생각으로 일을 시작했다면 끝은 이미 앞서간 사람들보다 못한 것을 스스로 인정하는 것밖에 되지 않습니다. 하지만 역공학으로 생각한다면 벤치마킹을 통해서 방향성을 잡는 데 힌트를 얻을 수 있습니다. 그런데 막상 벤치마킹을 하기 위해서 찾아보려고 하지만 나에게 적용하는 것은 어렵지요. 그래서 보다 쉽게 경쟁자에게서 힌트를 얻는 4가지 방법을 소개하겠습니다.

첫째, 큰 차별점만 찾으려고 하지 마세요. 사소한 어떤 것도 좋습니다. 김성오 작가님의 저서 〈육일약국 갑시다〉에서는 지방에서 시작한 아주 작은 약국이 크게 성장하기까지 시도했던 여러 노력을 이야기해주셨는데요. 당시 큰 약국들은 건강음료 하나만 사 먹는 것을 달가워하지 않는 분위기였다고 합니다. 그런데 육일약국은 그것과는 반대로 작은 것을 사더라도 모두 vip 대접을 해주는 서비스를 제공했습니다. 지역 주민들의 말동무도 해드리고 심지어 전화까지 무료로 쓰게 해주는 친절을 베풀었습니다. 덕분에 주민들에게는 인간적으로 다가가는 약국이 되었지요. 이처럼 거창하고 대단한 것이 아니어도 괜찮습니다.

만약 여러분이 카페 창업을 한다고 가정해볼게요. 먼저 여러분이 자주 가는 카페나 잘되는 카페의 특징을 자세히 살펴보세요. 커피 자체가 정말 맛있어서 가는 것 외에도 맛은 평균이지만 손님을 편안하게 해준다거나, 분위기가 조용해서 일하러 가기 좋다거나, 방문하는 분들에게 크게 인사를 잘해준다거나, 가끔 서비스를 잘 주신다거나 하는 사소한 특징들이 있습니다. 그런 점을 여러분의 카페에 적용해보는 것이죠. 더 나아가 여러분이 카페를 다니면서 느꼈던 불편함이 있지 않으셨나요? 꼭 직접 느끼지 않아도 좋습니다. 온라인으로도 충분히 다른 소비자들의 불편함을 찾아볼 수 있으니까요. 그런 것처럼 작은 불편함을 찾아 개선만 해주어도 좋은 서비스를 만들어 낼 수 있습니다.

둘째, 평상시 소비자들이 어떤 것을 궁금해하고 원하는지 애써 생각해내려 하지 마세요. 이미 답은 경쟁하는 플랫폼에 다 나와 있습니다. 아마 '콘텐츠는 뭘 만들어야 하나'라는 고민은 이것 하나로 앞으로 쭉 해결될 수도 있겠는데요. 예를 들어, 경쟁 플랫폼에서 사람들이 남기는 질문들을 살펴봅니다. 그것은 결국 나의 고객에게도 해당되는 질문이기 때문이죠. 따라서 이것을 해결하는 콘텐츠를 만들면 잠재고객들을 만족시키는 결과물을 만들어 낼 수 있습니다.

이번 주는 어떤 콘텐츠를 만들어야 하지 고민이 될 때는 이 방법이 꽤나 유용하게 사용될 겁니다. 블로그가 됐건, 카페가 됐건, 유튜브가 됐건 간에 사람들이 남긴 댓글들, 게시글을 통해 충분한 힌트를 찾을 수 있습니다. 심지어 네이버 지식인만 보더라도 고민 질문들을 쉽게 볼 수 있으니까요. 더 나아가 궁금한 점 외에도 소비자들이 어떤 것에 공감하고 좋아하는지도 살펴볼 수 있겠지요? 좋아요가 많이 달린 영상이나 글을 보면 이미 어떤 점이 좋았는지 상세히 적어놓은 것을 발견할 수 있습니다. 우리는 그것을 놓치지 말고 내 콘텐츠에도 적극 활용해볼 필요가 있습니다. 그것 역시 내 고객들도 좋아할 만한 소재가 될 테니까요.

셋째, 경쟁하는 자세가 아닌 배우려는 자세를 가지세요. 경쟁이 가장 치열한 학교를 생각해볼까요? 모두가 1점이라도 더 받기 위해서 치열하게 공부하고 노력합니다. 그중에서도 밑에서 치고 올라간 학생들의 공통점이 있는데요. 그것은 바로 공부를 잘하는 학생들에게 어떻게 공부를 하는지를 배웠다는 점입니다. 경쟁이라는 것을 떠나서 잘하는 친구에게 힌트를 얻는 학생들이 오히려 더 좋은 성과를 보였다는 것이죠. 그들의 잘하는 점을 시기하고 이기려고만 애쓰기보다 오히려 그들의 잘하는 점을 인정하고 배우려고 하면 결과는 달라집니다. 그들은 무엇을 잘했는지 나에게 필요한 건 무엇인지, 어떻게 적용할 것인지에 집중하세요.

넷째, 잘 모를 때는 상대방의 장점들을 하나씩 모아서 내 것으로 만드는 것도 좋은 방법입니다. 제 대학교 동기 중 한 명은 늦게서야 회사에 취업했습니다. 처음 회사에 들어가서 무엇부터 해야 할지 몰라 스트레스받고 헤맸던 친구였는데, 1년이 지나자 1억에 가까운 큰돈을 모았더군요. 도대체 어떻게 그렇게 빠르게 성장할 수 있었느냐 물었습니다. 전화영업이 필수인 직업이었는데, 처음엔 부끄럽기도 하고 주변에서 아무도 알려주지 않았다고 합니다. 답답하고 절박한 마음에 주변 사람들이 어떻게 전화 응대를 하는지를 듣고 메모해 나갔습니다. 그렇게 주변으로부터 모은 스킬을 하나씩 테스트해보면서 자신만의 멘트를 완성해 나가며 영업 범위를 늘려갔던 것이죠. 이처럼 하나씩 상대방의 장점을 참고해 자신의 것으로 만들어 나가도 좋습니다.

그동안 경쟁하는 관점으로 실력이나 속도감에 밀려서 불안했다면, 이제부터는 그들에게 힌트를 얻는다는 생각으로 느긋하게 그들을 관찰하면서 나만의 무기를 하나씩 만들어 가보는 것은 어떨까요?

돈 버는 지름길, 온라인 강의 만들기

1인 기업가로 강의해오며 느낀 것은 '강의 하나만 해서는 먹고살기가 힘들다'는 거였습니다. 처음엔 강의 빈도수를 올려보기도 했고, 초급반, 중급반, 컨설팅까지 구성해서 판매해보기도 했습니다. 그런데 진행 빈도수를 높이고 프로그램을 여러 개 만들어도 제가 감당할 수 있는 에너지는 한계가 있다는 것을 해보고 나서 깨닫게 되었습니다. 수강생이 많아지는 건 감사한 일이지만 점점 더 지치는 구조가 되어버려서 나중엔 손을 쓸 수 없더라고요. 반대로 가격을 올렸더니 수강생은 현저히 줄어들었습니다. 그래서 강의를 더 늘리는 것보다 오히려 복제품을 늘리는 방식을 선택했더니 일하는 효율이 올라갔습니다. 단 한 명의 수강생이 듣는다 하더라도, 투입하는 에너지는 거의 없다는 게 큰 장점이었고, 때로는 이렇게 소소하게 들어오는 수익이 굉장히 반갑기까지 합니다.

가장 먼저, 자체적으로 하는 강의든 초청 강의든 강의한 내용은 반드시 녹화나 녹음을 하세요. 요즘은 사람들이 정보를 얻기 위해 돈을 지불하는 것에 많이 개방되어 있습니다. 디지털 프로덕트digital product라고 하는 노하우(정보)가 담긴 전자책pdf을 구매한다거나 강의 영상mp4을 구매해서 보는 것에 익숙하지요. 그 말은 반대로 여러분의 상품도 누군가에게는 쉽게 구매할 수 있는 여지가 있다는 것입니다. 물론 그렇다고 아무렇게나 만든 상품이 팔린다는 이야기는 아닐 테지요. 여러분은 이 점을 잘 구분해 들어주실 거라 믿습니다.

만약 외부 초청 강의라면 기관 담당자에게 부탁해서 녹화 영상을 전달받는 것이 가장 좋은 방법입니다. 오프라인 강의에서 자체적으로 촬영을 해야 한다면 간편하게 삼각대에 핸드폰을 끼워서 화면과 인물이 잘 잡히도록 촬영합니다. 삼각대가 없는 경우엔 강의 자료를 보여주는 화면과 강사의 모습이 잘 나오는 각도에 핸드폰을 세워주세요. 대부분 온라인 강의는 줌ZOOM이란 프로그램을 많이 활용합니다. 활용방법은 유튜브에 검색만 하셔도 금방 배울 수 있기 때문에 별도로 설명하지는 않겠습니다. 줌에 접속하시면 화면 아래 중앙에 기록하기 버튼이 있습니다. 강의 시작 전에 먼저 눌러 놓고 강의를 시작하면 화면과 함께 강사의 목소리까지 함께 녹음이 되고 줌을 종료할 시에 파일이 컴퓨터 화면에 저장됩니다. 그뿐 아니라 이왕 PPT 자료를 만들고 강의를 할 거라면 CANVA라는 서비스를 사용해보시는 것도 추천드립니다. www.canva.com에서 구글 아이디로 간편 회원가입을 할 수 있고, 무료로 사용할 수 있는 템플릿이나 효과들이 많습니다. 강의안 제작 후 바로 촬영까지 한 번에 할 수 있는 장점이 있습니다.

이렇게 녹화한 영상이 준비되었다면, 그다음으로는 편집이 필요합니다. 동영상 편집에서 필요한 핵심은 쪼개기입니다. 컷 편집과는 조금 다른 의미입니다. 만약 1시간 강의를 녹화했다면 1시간짜리 영상을 통으로 판매등록하겠다는 생각을 가질 수도 있는데요. 소비자의 입장에서 하나의 영상은 한 개를 준다고 느끼고 여러 단계로 나눠진 영상은 많은 상품을 제공받는다고 느낍니다. 그리고 주의력과 집중력이 짧은 인간의 특성상 한 번에 많은 메시지를 주는 것보다는 나눠서 한 영상에 하나의 주제만 담을 수 있게 해주는 것이 좋습니다. 이렇게 분류한 영상은 오히려 전반적으로 소비자가 어떤 내용을 단계별로 배울 수 있는지 미리 알게 해주는 효과도 있습니다. 만약 이런 것에 감이 없다면, 탈잉VOD, 클래스101 같은 플랫폼에서 어떻게 강좌를 판매하고 있는지 참고해보시면 더욱 도움이 되실 겁니다. 참고로 영상 한 편의 길이는 평균 10~15분 정도입니다. 1시간 짜리의 영상이라면 6분 정도로 잘라서 10개의 영상을 만들어도 좋습니다. 단, 쪼개서 더 많은 영상을 만드는 데 집중하느라 영상에서 전달하는 메시지의 흐름이 중간에 끊겨서는 안 되겠지요. 적어도 하나의 주제를 다 마무리하는 선에서 쪼개는 것이 좋습니다.

영상이 모두 준비되었다면 다음으로 이것을 보너스로 준비하면 더욱 좋습니다. 선택사항일 수는 있지만, 소장할 수 있는 강의 자료를 함께 제공해주면 수강생이 더욱 서비스를 받는다는 느낌을 줄 수 있습니다. 온라인 강의를 듣다 보면 수강생들이 놓치고 싶지 않은 포인트나 자료화면이 있을 수 있습니다. 그때는 개인적으로 다시 메모하는 것이 불편하기도 하고, 특히나 아이패드로 수강하는 분들은 화면을 캡쳐해서 따로 메모장에 기입하는 번거로움을 겪는데요. 그럴 때 강의 자료가 있다면 한쪽 화면에 강의 자료를 띄워두고 바로 메모하면서 강의를 따라갈 수 있는 장점이 있습니다. 강의 자료는 원본보다는 pdf 파일을 사용합니다. 또한 무단 배포금지를 위해서 워터마크로 저작권을 표시하는 것도 잊지 마세요.

마지막으로 하나 더 팁을 드리자면 강의 마지막에는 콜투액션이 들어가 있는 것이 좋습니다. 콜투액션call to action은 마케팅

용어로서 사용자의 반응을 유도하는 행위 또는 요소를 뜻합니다. 유튜버들이 자주 언급하는 "구독과 좋아요, 알림설정 부탁드려요"가 이에 해당하죠. 제공자가 설계한 대로 소비자가 움직이기 위해서는 이런 콜투액션을 사용하는 것이 좋습니다. 그렇지 않으면 소비자가 어떻게 행동을 해야 하는지조차 몰라 1차적인 소비에서 끝날 수 있습니다. 그래서 이렇게 영상을 판매하는 경우엔 영상 마지막에 다음 단계가 있음을 안내하거나 여러분의 커뮤니티로 올 수 있도록 주소를 안내하는 등 다음에 무엇이 기다리고 있는지를 안내합니다. 만약 여러분의 목표가 후기를 쌓는 것이라면 후기를 써주는 조건으로 선물을 증정한다는 이야기를 해줄 수 있겠지요.

이 단계가 모두 끝나셨다면 프리랜서로서 입점하실 수 있는 온라인 플랫폼을 찾아보세요. 크몽, 클래스유, 탈잉VOD, 인프런, 마이비스킷, 두잉 클래스, 클래스 101, 에어클래스 등이 있는데요. 이 중에는 입점 제안을 해야 하는 곳도 있지만 기본적으로 바로 업로드가 가능한 곳들도 있으며 담당 MD들이 등록절차에 대해서 친절히 알려주시기도 합니다. 또한 온라인 플랫폼 외에 직접 내 상품을 판매하고 싶으시다면 통신판매업 사업자 등록을 하신 상태에서 스마트스토어를 개설해서 판매상품을 강의로 등록해놓고 직접 결제를 받으셔도 됩니다.

이상 기존의 하던 강의를 통해서 자신의 복제품을 만드는 방법에 대해서 알려드렸는데요. 물론 알려드린 방법을 모두 다 하는 것은 무리입니다. 시작이 반이라는 말처럼 가장 먼저 강의를 녹화하는 것부터 시작해보는 것은 어떨까요?

나만의 차별화된 강의 주제 찾기

강의 콘텐츠로 프리랜서나 1인 기업가가 되고 싶은데 남들과 차별화된 주제를 어떻게 찾을지 모르겠다면, 혼자서도 쉽게 찾을 수 있는 3단계 접근법을 안내드리겠습니다. 참고로 이 방법은 제가 책을 쓸 때 배웠던 방식을 참고해 강의 주제 찾기에 맞게 변형한 것입니다. 이 방법을 잘 따라오시면 주제뿐만이 아니라 강의안의 뼈대까지 만들 수 있습니다. 그럼 집중해서 봐주세요. 순서대로 소개하겠습니다.

가장 먼저 해야 할 것은 시장조사입니다. 창의성은 충분한 시장조사를 통해서 나옵니다. 흔히 창의적이고 특별한 것을 만들어내야 한다는 생각을 하는 순간 이 세상에 없는 것을 만들어야 한다는 잘못된 프레임에 갇히기 쉽습니다. 그러다 보면 머리를 쥐어짜듯이 아이디어를 만들어내려고 하다 보니 뻔한 것만 나온다던가 아니면 참신한 것을 넘어서 전혀 공감하지 못하는 주제를 만들어냅니다. 차별점을 찾기 위해서는 전반적인 큰 흐름을 짚고 그 안에서 공통점이 무엇인지 함께 살펴볼 필요가 있습니다. 그래야 어떤 빈틈을 공략할 것인지 그리기 쉬워집니다.

예를 들어, 직장인을 대상으로 하는 프리랜서 영어 강사를 꿈꾼다면 이미 활동하고 있는 강사들이 어떤 프로그램을 운영하고 있는지부터 조사해야 합니다. 프로그램 제목은 무엇이고 어떤 내용을 다루는지 책 목차처럼 정리해보는 겁니다. 더 나아가 큰 학원들은 직장인을 대상으로 어떤 프로그램을 운영하고 있는지, 강의 제목은 어떻게 사용하는지도 한눈에 볼 수 있도록 정리합니다. 큰 학원까지 조사하는 이유는 영어 교육시장의 큰 맥락을 읽기 위해서입니다. 유명 학원에서 잘나가는 강사들이 어떤 강의를 하는지도 살펴보면 전반적으로 영어 강사들이 운영하는 흐름을 꿰뚫고 있는 셈이 되니까요. 이렇게 전반적인 영어 교육 프로그램을 나열해보았다면 첫 번째 작업을 마치신 겁니다. 이제 정리된 내용을 가지고 다음 단계에서 빠르게 리터치 작업을 합니다.

두 번째 단계입니다. 정리한 프로그램 내에서 직접 가르칠 수 있는 강좌를 모두 체크해보세요. 비슷한 내용이어도 강의 제목이 다를 수 있으니 일단은 모두 표시해보세요. 그리고 일부 내용이라도 가르칠 수 있다면 모두 체크하는 겁니다. 우선 조금이라도 나와 겹치는 게 있다면 모두 표시하세요. 체크한 강좌가 생각보다 꽤 많이 나오는 분들도 있겠지만 그렇지 않아도 괜찮습니다. 우선 이 작업을 끝까지 따라온다면 단 하나의 주제는 반드시 찾을 수 있을 테니까요. 이제 두 번째 작업을 마무리했다면 전반적으로 어떤 것을 위주로 체크했는지 살펴보세요.

세 번째 단계입니다. 앞에서 체크한 강좌들의 공통점을 확인하셨나요? 자신이 주로 어떤 카테고리를 체크했는지, 겹치는 카테고리는 무엇인지를 확인했을 겁니다. 우선 공통점을 가진 강좌들을 하나의 카테고리로 묶어서 책의 목차처럼 만들어보세요. 큰 목차 하나에 여러 작은 목차가 들어있는 구성을 만들어보는 것이죠. 예를 들어, 큰 카테고리를 나눈다면 영문법에 관련한 카테고리가 하나 묶일 수도 있고, 회화로 묶이는 카테고리도 있을 겁니다. 다르게는 쉐도잉이나 필사 같은 영어를 가르치는 방식으로 카테고리를 나눌 수도 있겠지요. 예를 들어, 나라별로 구분을 짓는다면 뉴욕영어, 영국영어 더 세부적으로는 영화로 구분 짓는 헐리우드영어가 될 수 있겠네요. 여러분이 어떤 포장을 씌우는지에 따라 정말 다양한 카테고리를 만들어낼 수 있습니다. 큰 카테고리를 구분했다면, 각 테마에 어울리는 강의 제목들을 나열해보세요. 그러면 큰 목차와 작은 목차들로 구성된 책의 형태를 띤 구조가 만들어집니다.

　이제 최종 작업이 남았는데요. 마지막으로 정리했던 목차들의 제목을 자신만의 말투로 바꿔보세요. 모두 다 바꾸기에 내용이 많으면 그중에 가장 자신 있고 시도해보고 싶은 강의 목차 하나를 골라서 바꿔보세요. 예를 들어 기존 제목이 '여행 영어'라면 자신만의 타깃층을 고려해서 '휴가 갈 때 100% 써먹는 현지 영어'라고 바꾸는 겁니다. 자유롭게 변경해보세요. 살짝만 제목을 바꾸어도 충분히 자신의 색깔을 드러내는 강의로 바꿀 수 있습니다. '휴가 갈 때 100% 써먹는 현지 영어'가 별것 아닌 것 같지만, 상황별 대화를 시리즈로만 만들어도 책 한 권 분량의 교안을 만들어 낼 수 있습니다. 또한 휴가 영어라는 카테고리를 선점하게 되면 나만의 특화된 블루오션을 만들 수도 있습니다. 이렇게 쪼갠 나노 카테고리가 별 것 아닌 것 같지만, 해당 분야를 찾는 사람들에게는 여러분이 1순위가 될 수 있다는 말과도 같습니다.

　나노 카테고리의 예시로 '쓰담슈즈' 라는 구두 브랜드는 칼발인 사람들을 위한 구두만을 제작합니다. 저 같은 칼발인 사람들에게는 가장 기억해야 할 브랜드로 각인되는 것이죠. 또한 세탁소 중에서도 모피 전문 세탁소는 어떤가요? 훨씬 신뢰가 가지 않나요? 또 하나의 예시로 텔레비전 프로그램에서 백종원 대표는 수많은 음식을 판매하려는 식당 주인들에게 주력 상품 1~2개만을 취급하라고 말합니다. 그래야 손님이 올 수 있는 명분이 생기고 그게 바로 차별화 포인트라고 말하죠. 물론 처음부터 좁혀서 시작하는 것은 어려울 수 있기 때문에 분석해 본 강의 주제들을 다뤄보면서 조금씩 타깃층들을 알아가면서 좁혀나가는 것을 추천드립니다.

첫 번째, 시장조사를 통해서 업계를 정리해보자.
두 번째, 정리한 내용 중 내가 가르칠 수 있는 것을 체크해보자.
세 번째, 분리한 내용을 비슷한 성격끼리 분류하고 특성에 맞게 제목을 변경해보자.

3단계 접근법을 활용하실 때 한 가지 주의사항이 있습니다. 열심히 하는 것은 좋지만, 분석을 하다 보면 심리적으로 위축되거나 어떤 것을 시작해야 할지 혼란스러울 수 있어요. 이 중에 무엇이 맞고 틀리고는 없습니다. 분석에 큰 힘을 쏟지 않으셔도 됩니다. 일단 하나라도 시도해보고 개선해나가는 것이 발전하는 데는 훨씬 큰 도움이 될 것입니다.

실력 있는 강사로 자리 잡는 법

가끔 드라마를 보면 못 보던 인물이 혜성처럼 나타난 것처럼 느낄 때가 있습니다. 연기력이 어찌나 뛰어난지 연기라는 것을 망각하고 때론 숨소리 하나 놓치지 않으려 TV 소리를 크게 키워 온 신경을 집중하기도 합니다. "아니 이렇게 연기를 잘하는데 왜 그동안 몰랐지?" 하며 검색을 해보면 그들은 갑자기 등장한 것이 아니었습니다. 이미 연극이나 뮤지컬, 독립영화, 단편 드라마 등 작은 무대부터 충분한 경험을 쌓아왔더군요. 역시 하루아침에 이루어지는 것은 없었습니다. 트로트 가수들이 자신이 이런 무대에까지 서봤다는 경험담을 풀어놓는 것을 들었습니다. 노래교실, 시장 한복판은 물론이고 목욕탕 개업식 축하공연에 심지어 장윤정 씨는 지게차 위에서 공연한 적도 있다고 합니다. 화려한 길만 걸은 것 같지만 실은 부단히 쌓은 거친 경험들을 통해서 청중과 시청자들을 사로잡는 아티스트로 거듭난 것이죠.

강사라고 다를까요? 결코 그렇지 않습니다. 스타 강사가 꿈은 아니어도 강의는 1인 기업가에게는 필수적인 수익 파이프라인입니다. 특히 외부 강의는 자신을 알리기 더없이 좋은 기회입니다. 그런데 선뜻 강의 제안이 와도 아직은 준비가 안 된 것 같다며 거절하거나 때로는 강의료가 터무니없이 낮아서 오히려 에너지만 뺏긴다는 생각으로 거절을 하는 경우도 있습니다. 기회는 준비된 사람에게 오지만, 잡는 건 별개의 문제입니다. 안타나 홈런을 치려면 야구 배트를 계속 휘둘러야 뭐라도 맞는 것처럼 말이죠. 파울이든, 삼진이든 당할 수 있지만, 계속 방망이를 들고 치는 훈련이 필요합니다. 기회들을 그냥 흘려보내지 않고 적극적으로 잡는다면 훗날 훨씬 더 안정적으로 강의를 진행하는 데 도움이 됩니다. 강의 섭외와 꾸준한 일감을 만드는 방법은 다른 글에서 언급했기 때문에 초보 강사들이 섭외를 받았을 때 어떤 것을 고려하고 강의를 준비하면 좋을지 말씀드리겠습니다.

1. 강의 섭외에 대응하는 방법

2. 강의 준비하는 방법

3. 무대에 설 때 사전 준비물 및 체크사항

4. 강의 포문을 열 때 팁

5. 강의 클로징할 때 팁

    첫째, 강의 섭외에 대한 대응방법입니다. 강사로서 원하는 주제, 원하는 조건의 수강생, 원하는 임금의 강의만 하면 좋겠지만 내 입맛에만 맞춰 강의를 하기엔 제한이 많습니다. 간혹 지금 내가 하고 있는 주제와는 결이 조금 다른 주제를 제안받는다거나 아예 해보지 않은 강의 제안이 온다거나 강의료가 생각 이상으로 적을 수 있습니다. 그래도 일단 도전하세요. 임금은 차차 실력과 경험에 맞춰 늘려가면 되는 것이고, 다양하게 강의를 하다 보면 내가 컨트롤 할 수 있는 주제들이 넓어지고 내가 잘할 수 있는 주제를 찾을 수도 있습니다. 유튜브 채널 구독자가 1,000명이 조금 넘었을 때였습니다. 늦은 오후 모르는 번호의 전화를 받았습니다.

    "안녕하세요, 고아라 강사님. 저는 S센터의 K팀장인데요. 혹시 내일 A고등학교에 유튜브 강의를 해주실 수 있나요?"

    모르는 교육기관에서 그것도 당장 내일 강의를 해달라니 무척 당혹스러웠습니다. 게다가 다른 조건 역시 더 당황스러움을 금치 못했습니다. 해당 고등학교는 자차가 없는 저로서는 집에서 편도 2시간에 가까운 거리였고, 처음 청소년들을 대상으로 하는 강의인 데다, 정식으로 유튜브 강의를 하는 것도 처음이었고, 저녁에 당장 2시간 분량의 강의안을 만들어내야 했으며, 강의료는 터무니없이 적었습니다. 조건으로만 따지면 이 강의 제안을 수락할 이유가 전혀 없었습니다. 하지만 저에게는 다양한 강의 경험을 쌓는 것이 더 중요했습니다. 솔직히 돈을 안 버는 것보다는 버는 쪽이 낫기도 했고요. 그럼에도 선뜻 수락할 수 없었던 것은 이전에 부산까지 가는 급한 제안을 수락했다가 주최 측의 어이없는 취소 통보를 받은 경험이 있기 때문이었습니다. 우선 담당자에게 1시간 이내로 답변드리겠다는 이야기를 남기고 전화를 끊었습니다. 그러고는 해당 기관 홈페이지에 들어가 실제 존재하고 잘 운영되고 있는지 확인했습니다. 다시 담당자에게 연락해서 정확한 강의료와 입금 일자를 명시한 강의계약서를 만들어 달라고 했습니다. 사설 또는 민간기관이라면 구두로 계약하는 것보다 이런 확인서를 하나 가지고 있는 것이 보다 안전하기 때문이죠. 강의 제안에 설레는 것은 당연하지만, 적어도 내가 강의하게 될 곳이 어떤 기관인지는 알아보는 노력이 필요할 것 같습니다.

둘째, 강의 준비하는 법입니다. 당장 강의를 해야 하기 때문에 마음이 쿵쾅쿵쾅하며 조급함이 밀려오지만 그럴 때일수록 침착하게 담당자와 다음과 같은 소통을 하면 좋습니다. 우선 강의에 대한 큰 틀의 정보를 묻습니다. 강의 주제와 함께 강의 시간, 주최 측에서 원하는 강의 방향성, 지침 등을 말이죠. 어떤 곳은 실습 위주의 수업을 원하는 경우도 있고, 어떤 곳은 동기 부여 위주로 이야기를 풀어달라는 요청도 있기 때문에 이 점을 잘 파악해둔다면 주최 측을 만족시킬 수 있습니다.

그다음으로 기본적으로 챙겨야 할 것은 수강생의 정보입니다. 수강생의 연령과 인원은 기본이고, 만약 유튜브 강의를 한다고 하면, 학생들이 어떤 목적을 갖고 이 수업을 듣는지 살펴봅니다. 목적을 알면, 학생들에게 정보 위주로 알려줄 것인지, 시행착오의 경험담을 위주로 풀 것인지 혹은 질의응답의 시간을 늘릴 것인지 등의 방향성을 정할 수 있습니다.

다음으로는 강의장에 대한 정보입니다. 오프라인이라면 마이크를 사용하는지, 강의 자료를 볼 수 있는 빔프로젝터나 화면이 있는지 있다면 노트북과 수강생들이 보는 모니터를 연결하는 선이 있는지 혹은 주최 측에서 노트북을 제공해줄 수 있는지 등등을 체크합니다. 만약 수강생들이 실제로 자료를 함께 볼 수 있다면 미리 프린트해서 준비해줄 수 있는지까지 확인하면 좋습니다. 간혹 수업 분위기가 무거운 경우엔 강사가 일방적으로 말하는 정보량이 많아지다 보니 준비한 자료들이 금방 동이 나는 경우도 있습니다. 만일의 경우를 대비해서 조금 여유 있게 내용을 준비해 가는 것이 좋습니다.

셋째, 무대에 설 때 사전 준비물 및 체크사항입니다. 우선 최소 30분 전 도착을 엄수합니다. 간혹 강의장을 찾아 들어가기까지 길을 헤매는 경우도 있고, 예상했던 것보다 거리가 멀어서 다급하게 뛰어들어가 숨을 헐떡이며 강의 준비를 하는 경우도 있습니다. 이렇게 진행한 강의는 끝이 나고서도 강사 자신조차 어떻게 했는지 기억나지 않습니다. 수강생은 더 말할 것도 없겠지요. 어떤 때는 기다리는 시간이 지루하기도 하지만, 현장에는 늘 변수가 있기 때문에 미리 점검해 놓는 것이 좋습니다. 강사가 당황하면 조급해지고 분위기를 사로잡지 못하기 때문이죠. 미리 도착해서 강의장도 둘러보고, 가장 기본적인 무선인터넷을 연결하는 것부터, 강의에서 보여줄 영상이나 음악, 자료 등을 컴퓨터 화면에 미리 띄워놓으세요. 담당자분과도 직접 얼굴을 보고 인사도 나누고 오늘 강의에 대한 사전준비사항을 한 번 더 체크하는 것이 필요합니다. 때로는 담당자가 귀띔해주는 정보들이 강의에 큰 도움이 될 때도 있습니다. 그뿐 아니라 먼저 도착한 수강생들과 미리 이야기도 나누면 수강생들이 강의에서 기대하고 있는 점도 직접 파악해서 더 입맛에 맞는 강의 분위기를 살려 가는 데 도움이 됩니다.

넷째, 강의를 시작할 때는 강의 내용과는 상관없는 가벼운 질문으로 시작해보세요. 가끔 강의를 듣거나 방송 사전 MC들이 "어디서 오셨어요? 가장 멀리서 오신 분 손 들어보세요!"라고 묻는 이유를 아시나요? 그것은 바로 딱딱한 분위기를 풀기 위해 아이스 브레이킹을 하는 것입니다. 아직은 이렇게 능글맞은 질문은 못 하겠다면, 간단하게 자신을 소개하면서 자연스럽게 질문을 하세요. 나중에 저를 강의에서 뵙게 된다면 "제 책 이름 아시는 분? 저는 몇 년 차 1인 기업가일까요?"라고 질문을 던질 수 있을 것 같네요. 그 외에도 기분을 묻는 것도 자연스럽게 자신의 감정과 생각을 말할 수 있는 분위기를 만드는 데 도움이 됩니다.

　마지막으로 강의 클로징할 때의 팁입니다. 처음과 중간에 아무리 강의를 잘했다 하더라도 마무리를 잘하지 못하면 큰 인상을 남기기 힘듭니다. 반면에 처음과 중간은 평균이었지만 마무리가 좋으면 꽤 인상적인 강의로 기억에 남길 수 있습니다. 따라서 강의 평가 또한 좋게 나올 확률도 높아지죠. 단 한 마디가 되더라도 마지막으로 꼭 전해주고 싶은 메시지를 진심을 담아 얘기해주세요. 강의가 끝났으니 빨리 짐을 챙겨 나가기 바쁠 수 있습니다. 하지만 정리를 조금 늦게 하더라도 혹여나 질문을 하러 나오시는 분들을 기다려주세요. 그리고 멀리서 들어주러 와주신 분들, 시간 내어 열심히 들어주신 분들께 감사의 의미로 조심히 돌아가실 수 있도록 먼저 배웅해주세요. 진심은 분명 전달됩니다.

이 내용은 제가 직접 시행착오를 통해서 진땀 흘리고 임기응변을 해나가면서 배운 내용들입니다. 강의를 많이 하신 분들께는 기초적인 정보이겠지만 이제 막 대중들 앞에서 강의를 시작하시는 분들께는 분명 도움이 될 거라 확신합니다. 매번 강의하면서 느낀 것은 똑같은 무대는 없다는 것이었습니다. 하지만 이런 다양한 경험이 쌓여야 매번 달라지는 변수들에 조금 더 유연하게 대처할 수 있지 않을까요? 해보지 않아서라는 이유보다 "안 해봤으니 해봐야지"라고 한 번 더 기회를 잡으시기를 바랍니다.

돈도 벌고 성장도 하는 강의의 매력

　강의는 마치 자신을 비춰주는 거울 같습니다. 그만큼 자신이 배워야 할 부분뿐만이 아니라 내가 얼마큼 성장했는지도 알 수 있기 때문인데요. 저는 강의를 통해 과거와 달라진 현재를 실감하기도 합니다. 가르치는 것이 두 번 배우는 것이라는 말이 있듯이 강의를 통해서 왜 얻는 게 많은지 이제는 좀 알 것 같습니다.

　강의는 자신의 발자취를 제대로 기억할 수 있고 동기부여를 하는 데 도움을 줍니다. 강의는 이론뿐만 아니라 실제 강사의 경험을 바탕으로 스토리를 전개하기 때문에 자연스럽게 자신의 Before & After를 정리할 수밖에 없습니다. 이전에 자신이 어떤 문제를 겪었으며, 이것을 어떤 방식으로 극복해 나갔는지, 더 나아가 지금은 어떻게 달라져 있는지를 명확히 정리하게 되지요. 강의안을 정리하는 것만으로도 흘려보냈던 자신의 이야기를 시간, 순서, 사건별로 일목요연하게 정리할 수 있고, 그 발자취에서 어떤 교훈을 얻었는지 그리고 얼마큼 성장했는지를 객관적으로 볼 수 있습니다. 강사는 대단한 경험을 한 사람들만이 할 수 있다는 편견에 사로잡힐 수도 있지만, 타인의 작고 사소한 이야기를 우리는 대단하게 느끼는 경우도 적지 않습니다.

제가 처음 유튜브 강의를 할 때였습니다. 부끄럽지만 저에게 흑역사라고 생각한 볼품없던 첫 촬영 영상을 보여 주며 구독자 1명일 때 '나는 언제쯤 구독자 100명을 달성할 수 있을까'라는 고민을 했던 올챙이 시절을 소개했습니다. 수강생들은 이제 막 시작하려는 단계라 마치 자신의 상황을 보는 것 같아 낯간지러우면서도 재미있어 했습니다. 유튜브 구독자들이 조금씩 생겨나면서 처음 악플도 받아 보고 중간에 굉장히 멘탈이 흔들렸던 당시의 마음들을 생생하게 전달했습니다. 그리고 그 과정 중에 어떤 실수를 했고 어떤 교훈을 얻었는지 솔직하게 이야기했죠. 강의가 끝난 후 많은 수강생이 공감해주고 기술보다도 솔직한 이야기를 꺼내줘서 좋았다는 평을 받았습니다. 강의를 하면서 느꼈던 건 엊그제만 해도 나도 이들처럼 시작을 고민했던 사람이었는데, 그저 꾸준히 하다 보니 지금은 시작을 도와주는 강의까지 할 수 있게 되었다니 스스로에게도 큰 동기부여가 됐습니다.

강의는 모호한 생각을 체계화할 수 있도록 도와줍니다. 사람들 앞에서 설명하려면 머릿속에 있는 내용을 논리적으로 정리해야 합니다. 마치 직장 상사에게 구두로 보고하는 것과 보고서를 만들어서 보고하는 것이 다른 것처럼요. 강의는 자신만의 언어로 개념화하는 작업이 필요합니다. 스스로 쉽다고 생각하는 것을 어떻게 해야 쉬워지는지, 쉬움의 정도는 어떤지를 설명해주어야 하죠. 몸에 정말 좋은데 말로 표현을 못 하겠다고 하는 모호한 개념들을 강의를 통해서 구체화할 수 있습니다. 마치 헬스트레이너가 식단과 운동을 조율하는 방법을 수강생 수준에 맞게 알려주듯이 강의를 통해서 수강생 수준의 눈높이에 맞춰서 실행방안을 전달할 수 있게 됩니다. 그뿐 아니라 막연하게 알고 있는 지식도 강의를 하게 되면 한 번 더 확실한 내용인지 체크하는 과정을 거치게 되면서 이론에 대해 명확히 알게 되는 이점도 있습니다.

때로는 강의를 할 때 강사가 모르는 부분에 대해서 수강생이 질문하는 경우도 생깁니다. 그럴 때는 몰라서 당황하거나 아는 척을 하면서 둘러대기보다 명확하게 알지 못하는 부분이기 때문에 수업이 끝나고 찾아서 개별적으로 다시 안내를 해주겠다고 안내하면 신뢰를 쌓을 수 있습니다. 덕분에 강사는 더 디테일하게 공부할 수 있다는 이점이 있지요.

가끔은 내가 준비한 것 이상으로 수강생의 수준이 높다든지, 내용이 조금 부실하다 혹은 더 준비를 해야겠다는 느낌을 받습니다. 어떻게 보면 열등감으로 직결될 수도 있지만 사실 이것은 강사에게도 성장할 수 있는 기회이자 터닝 포인트가 됩니다. 스스로 이런 한계점을 계속 개선하고 극복해 나가는 강사야말로 정말 가능성이 무궁무진하고 자기 자신을 가치 있는 사람으로 만들어 낼 수 있는 사람이라고 생각합니다.

다른 한편으로는 강의를 하기 전에 내가 그럴만한 자격이 되는지를 한 번 더 생각해 보면서 부족한 부분을 메꾸기 위해 노력합니다. 이전에 한 수강생은 소규모로 습관 만들기 프로그램을 만들고 싶어 하셨는데 아직 본인이 습관을 제대로 형성하지 못한 단계이다 보니 그것을 가르치기에는 부족함이 있어서 저희 수업에 참여하여 배우셨습니다. 이처럼 강사는 자신을 계속 업그레이드하고 자신이 배운 내용을 또 다른 사람에게 가르쳐주면서 성장합니다.

강의를 하게 되면 다양한 직업과 성격, 성향 등을 가진 분들 통해서 삶의 지혜를 배웁니다. 코로나 이전에는 수강생들과 함께 수업 중간에 다과타임이나 수업 후 개인적으로 밥을 먹는 기회들을 가졌습니다. 그러다 보면 자연스럽게 그들의 삶에 대해서 이야기를 나누게 됩니다. 연배가 있으신 분도 젊은 사람들과 어울려서 함께 배우려고 하는 그런 의지 열정들을 볼 때면 저 스스로도 반성을 하게 되면서 자연스러운 삶의 자극제가 생성됩니다. 그뿐만 아니라 반대로 저보다 훨씬 어린 친구들을 볼 때면 나는 저 나이 때 저만큼의 열정을 가지고 내 앞길을 고민했었나 싶기도 하고 덕분에 그 친구들을 통해서 저 역시 지금 하고 있는 이 길을 더 열심히 개척해 나가야겠다는 생각이 듭니다. 그리고 때로는 제 강의가 도움이 되었다는 분들을 만날 때면 더 겸손해지는 방법을 배우게 됩니다.

강의를 준비하면 평범한 일상의 것들을 무심코 지나치는 법이 없습니다. 때로는 예능 프로그램에서 무심코 한 연예인이 한 말들에 인사이트를 얻기도 하고, 때로는 책의 한 문단이 그냥 지나칠 수 없게 만듭니다. 이런 기록들을 나만의 관점으로 재해석해서 언제든 강의라는 무대에서 메시지를 함께 공유하고 그것을 각자 해석할 수 있는 기회를 만들기도 합니다. 강의는 단조로운 삶을 더 풍요롭게 만들어 줍니다.

누군가를 가르치는 것이 부담되고 두려울 수 있지만, 자신이 더 성장하길 원하는 분이라면 배우기 위해서라도 더 적극적으로 강의를 해보셨으면 합니다. 그것을 통해서 여러분들이 더 단단해지고 더 큰 사람으로 성장할 수 있다는 것을 꼭 기억하세요.

나의 전문성을 살리는 블로그 활용법

　블로그로 수익을 얻는 방법은 2가지입니다. 상위노출이 잘 되게 활성화시켜서 제품 혹은 가게들을 리뷰해 주는 대가로 수익을 창출하는 방식(상위노출로 블로그 애드센스 수익을 얻는 방식 포함)과 자신만의 콘텐츠가 있는 1인 기업가의 강의나 채널을 홍보하기 위한 목적으로 활용하는 방식입니다. 블로그가 가장 쉽게 시작할 수 있는 채널이지만 막상 하다 보면 제대로 하고 있는 건지 어떻게 방향성을 잡아야 하는 건지 막연합니다. 방향성을 잡기 어려운 이유는 표현하고자 하는 주제가 광범위하거나 여러 주제를 모두 담아내려고 하기 때문일 겁니다. 주제가 광범위할 경우엔 어떤 주제부터 글을 써야 할지부터 고민이 되실 거고, 여러 주제를 다루는 분이시라면 한 우물 파기가 맞는 걸까 아니면 여러 주제를 묶어서 써야 하나 고민이 되실 것 같네요.

그럴 때는 단순하게 생각하시는 것이 좋습니다. 특히 1인 기업에 도전하시는 분들 중에서는 처음부터 어떤 주제가 나에게 맞는지 모르기 때문에 우선 관심 가는 특정 분야부터 글을 써 나가시는 것을 권장합니다. 만약 직장에 대한 글을 쓰고 싶다면 직장 이야기 중에서도 승진에 대한 이야기를 다루고 싶은지, 아니면 이직 또는 재테크에 대한 이야기를 다루고 싶은지 내 마음이 가장 먼저 끌리는 이야기부터 연재합니다. 그렇게 하나둘 이야기가 쌓이면 이것을 큰 틀로 묶어 직장인의 기록이라는 블로그로 콘셉트를 잡을 수 있는 것이죠.

여러 주제를 두고 고민하는 경우도 비슷합니다. 아직 내가 무엇을 잡고 나가야 할지 확신이 서지 않기 때문이지요. 그럴 때는 계속 여러 가지를 연재해 나가보세요. 그런 다음 조금 더 집중하고 싶은 카테고리가 생긴다면 그동안 썼던 다른 카테고리를 비공개 처리하고 집중적으로 하나를 보여주는 블로그로 만들어도 늦지 않습니다. 저 역시 그랬습니다. 어학 공부했던 내용, 일기, 책 쓰기, 1인 기업가에 대한 내용을 두루 썼지만 점차 책 쓰기를 집중적으로 이야기하는 블로그로 만들기 시작했습니다. 지금은 어학 공부했던 내용이나 일부 일기들을 비공개 처리해놓고, 대부분 책 쓰기에 대한 이야기로 블로그를 브랜딩 하기 시작했습니다.

블로그로 전문성을 빠르게 살릴 수 있는 임시 처방 3가지를 알려드릴게요. 이 방법의 목적은 처음 블로그에 방문했을 때 전문가적인 느낌이 난다는 인식을 심어주기 위함입니다.

첫째, 대문 타이틀을 변경하세요. 블로그의 첫인상을 좌우 하는 타이틀 사진과 제목은 매우 중요합니다. 보통은 네이버에 서 제공하는 기본 사진이나 임시방편으로 아무렇게 고른 사진 을 메인으로 사용하는 분들이 많습니다. 그 때문에 블로그에 처음 들어갔는데 개인적으로 좋아서 이것저것 채우는 블로그 같은 느낌을 주지 않을 수 없습니다. 따라서 사진 한 장을 고르 더라도 여러분이 표현하고 싶은 주제에 어울리는 사진을 사용 하시거나 블로그에서 표현하고 싶은 주제를 적은 포스터를 만 들어서 메인 사진으로 활용하시는 것도 좋습니다. 또한 1인 기 업가라면 단정한 프로필 사진을 메인으로 사용하는 것이 좋겠 습니다. 사소한 것 같지만 하나하나가 첫인상을 좌우하는 데 중요한 역할을 합니다. 되도록이면 PC 버전과 모바일 버전을 각각 확인하여 사진이나 문구가 잘리진 않는지 모두 체크해보 길 바랍니다.

둘째, 블로그 소개 설명란 및 홈페이지 링크를 정리합니다.

쓸 말이 없거나 귀찮은 나머지 블로그 소개를 소홀히 하는 경우도 있지만, 전반적으로 갖춰진 느낌을 주기 위해서는 짧지만 표현하고자 하는 주제를 명확히 설정하는 것이 좋습니다. 환영 인사말과 함께 어떤 콘텐츠를 다루는지, 궁금한 사항에 대한 문의 메일을 안내하는 등 간략하게라도 소개하는 것이 필요합니다. 홍보 링크는 여러분을 더욱 깊게 이해하고 살펴보는 데 도움을 주기 때문에 홈페이지 링크가 없다면 자신이 운영하는 타 채널의 링크를 연결해 놓는 것이 좋습니다.

세 번째, 카테고리 정리입니다. 이것저것 쓰다 보면 카테고리가 자연스럽게 늘어나게 됩니다. 하지만 이는 자칫 맥락이 없어 보일 수 있기 때문에 대분류 카테고리들을 구분해서 정리하는 것이 필요합니다. 마치 책에서 큰 목차 안에 작은 목차들이 들어가 있는 것처럼 말이죠. 미라클 모닝, 독서, 확언 글쓰기는 자기계발이라는 큰 카테고리로 묶을 수 있겠죠? 그냥 자기계발이라고 이야기하면 조금 딱딱할 수 있으니 누구의 자기계발처럼 자신의 이름을 붙이거나 조금 더 친근한 이름으로 바꿔도 될 것 같습니다. 사용자의 입장에서는 모든 것이 이해하기 쉽고 직관적이어야 합니다. 따라서 여러분의 블로그를 보다 명확하고 쉽게 이해할 수 있도록 정리하는 것이 전문성을 높이는 데 도움이 됩니다.

다음에 정리한 3가지를 참고하여 자신의 블로그를 체크해보세요.

첫째, 대문 타이틀 사진이 블로그의 주제에 맞게 사용되고 있는가.

둘째, 블로그 소개 설명란 및 홈페이지 링크가 블로그 주제를 잘 표현해주고 있는가.

셋째, 카테고리 주제가 맥락이 잡혀있는가.

유튜브, 대단한 전략보다 빠른 시작을

　3년 전 처음 유튜브에 도전할 때만 해도 계속해야 하나 말아야 하나 많이 고민했습니다. 그런데 지금 생각해보면 정말 하길 잘했다는 생각이 듭니다. 유튜브를 통해서 많은 기회를 잡을 수 있었기 때문인데요. 이미 너무 많은 경쟁자로 가득 차 있어서 늦었다고 생각할 수 있지만, 유튜브에서는 지속적으로 신규 콘텐츠가 계속 발행되어야 시청자들이 유튜브에 머무를 수 있기 때문에 신규 채널들도 활발히 노출시켜 줍니다. 그렇기 때문에 '후발주자'라는 이유로 유튜브 시작을 고민하지는 않으셨으면 좋겠습니다. 참고로 모든 유튜버들이 자신의 경쟁자가 되지는 않습니다. 분명 겹치는 분야에서도 자신이 내세울 장점을 충분히 찾을 수 있고, 구독자가 적어도 다른 가치를 만들어 낼 수 있기 때문이죠.

기업이라면 유튜브를 제품이나 브랜드를 홍보하기 위한 도구로 활용하지만, 1인 기업이라면 퍼스널 브랜딩을 통해 커뮤니티를 키우고 강의나 전자책 혹은 컨설팅으로 제2, 제3의 부가가치를 창출하는 목적으로 사용하는 게 일반적입니다. 채널이 커지면 유튜브 광고수익으로도 매출을 낼 수 있지만, 채널별 구독자 성향과 조회 수와 시청시간에 따라서 일정치 않은 수익이 들어오기에 광고수익을 목표로 두는 것보다는 앞서 말했던 퍼스널 브랜딩과 부가가치 창출을 목표로 하는 것을 권장합니다. 뒷부분에 1인 기업가를 위한 콘텐츠를 구상하는 저만의 노하우도 함께 말씀드릴 것이니 이 글을 꼭 끝까지 읽어주세요. 유튜브를 통해서 어떤 부가가치를 창출했는지 제 경험을 말씀드리겠습니다.

첫째, 잠재고객들을 커뮤니티로 유입시킬 수 있습니다. 영상 설명 하단에 커뮤니티 링크를 안내해서 더 많은 정보를 얻고 싶고 저를 만나고 싶은 분들을 위한 다리를 연결합니다. 또한 강의 홍보가 필요한 경우 홍보 링크를 안내하기도 합니다.

둘째, 새로운 수익원을 만들 수 있는 기회가 생겼습니다. 구독자 300명 일 때 한 회사로부터 광고 제안을 받기도 했으며,

한 회사로부터 컨설팅 자문을 요청받았습니다.

셋째, 다양한 분야의 사람들, 일을 만날 수 있는 연결통로가 생겼습니다. 유튜브 채널이 저라는 사람의 브랜드를 증명할 명분이 되었고 그 덕분에 인터뷰를 제안하기도, 제안받기도 했습니다. 그뿐 아니라 외부 강의 의뢰도 받고 출간계약까지 이어졌습니다.

지금 이 글을 쓰고 있는 이 시점이 유튜브를 제대로 한 지 2년이 되었는데요. 운영한 기간 대비 3,200명이라는 적은 구독자를 보유하고 있습니다. 누군가는 2년 만에 구독자 10만 명을 넘기는 분들도 계시는 것에 비해 저는 더디게 채널이 크고 있습니다. 그러나 시작하지 않았으면 절대 누릴 수 없는 가치들이 있다는 것을 알기에 저는 포기하지 않고 꾸준히 하는 목표만을 두고 있습니다.

1인 기업이라면 자신이 하고 있는 분야의 연장선상으로 콘텐츠 주제를 잡는 게 좋겠습니다. 적어도 퍼스널 브랜딩이 목적이라면 말이죠. 그래야 분산되지 않고 자신이 타 채널에서 쌓고 있는 브랜드에 더욱 힘을 실어줄 수 있습니다. 만약 제 책을 읽으며 1인 기업을 구상하고 계시는 단계라면 파트 1, 2에서 살펴본 자신의 강점이나 관심 분야로 우선 도전해보길 바랍니다. 여기서 주의할 것은 단순히 트렌드를 쫓아서 뭐가 잘 된다더라 같은 '카더라' 콘텐츠 주제를 잡지 마세요. 구독자 1,000명에 누적 시청시간 4,000시간의 광고수익 조건도 채워보지 못한 채 쉽게 포기하게 될 테니까요.

이제 콘텐츠 주제를 잡았다면 콘텐츠를 발행해보는 연습이 필요합니다. 유튜브를 하다 보면 콘텐츠 소재가 고갈되서 스트레스를 종종 받습니다. 실제로 구독자 100만이 넘는 유튜버도 소재 고갈로 슬럼프를 겪었다는 이야기를 들었는데요. 그럴 때 해결할 수 있는 4가지 방법을 알려드릴게요.

첫째, 댓글을 참고합니다. 사람들이 댓글로 질문하는 내용 중에 공유할 만한 내용을 선별해서 콘텐츠로 제작합니다. 이렇게 하면 자신이 남긴 질문을 가지고 콘텐츠로 만들어 주었기 때문에 신기하기도 하면서 더 고맙게 느끼는 효과를 낳습니다. 아직 구독자 수가 많지 않아서 댓글이 달리지 않는다면 나와 비슷한 콘텐츠를 다루시는 타 채널을 찾아서 거기에 달리는 댓글을 역이용할 수도 있습니다. 그리고 꼭 유튜브에서 찾을 필요는 없겠죠? 지식인이나 카페, SNS에는 수많은 질문이 올라옵니다. 내가 가진 것 안에서만 찾으려고 애쓸 필요는 없습니다.

두 번째, 시리즈물을 만듭니다. 사람들에게 진득하게 내 채널에서 볼 수 있는 정주행 시리즈를 만들어 줍니다. 무한도전이나 인간극장, 인기 많았던 드라마, 시트콤 등 옛날 프로그램들을 몰아서 볼 수 있도록 방송사에서 유튜브 콘텐츠로 발행해 주는데, 한 번 보면 시간 가는 줄 모르고 보게 됩니다. 꼭 방송사

분량만큼의 많은 양이 아니어도 좋으니 단 몇 개라도 내용이 이어지게 만들면 집중해서 콘텐츠를 흡수하고 그만큼 내 채널을 주시할 명분까지 생깁니다.

세 번째, 강의를 하고 있는 분이라면 강의를 녹화했던 영상 중 일부를 잘라서 유튜브에 올려도 됩니다. 그렇게 하면 간단한 편집으로도 퀄리티 있는 콘텐츠 1개를 만들 수 있고 주 1회 올리는 저로서는 1주일을 번 셈이 되는 거죠. 만약 강의 영상을 녹화하지 않았다면 강의안의 일부 내용을 언급하는 것도 좋고, 강의에 나온 질문들을 콘텐츠로 재구성해도 좋습니다.

마지막 네 번째, 채널에서 다루는 주제에 크게 어긋나지 않는 선에서 사용 후기를 리뷰해 주는 콘텐츠를 만드는 것입니다. 예를 들어, 저는 밀리의 서재나 윌라 오디오북을 사용해본 경험을 가지고 장단점을 리뷰하는 콘텐츠를 만들었는데요. 그 영상이 지금도 제 채널에서 조회수 1위를 기록하고 있습니다. 제품, 서비스 리뷰는 검색을 자주 하는 키워드일수록 노출량이 더 커지는 효과가 있으니 이를 참고해 영상을 만들어봐도 좋겠네요.

마지막으로 유튜브에 대해서 교육도 받아보고 이론적인 지식은 있지만 아직 시작하지 않은 분들을 위해 초보자를 위한 마인드 3가지를 소개합니다.

첫째, 비교보다는 분석을

둘째, 빠름보다는 꾸준함을

셋째, 완벽함보다는 친근함을

    첫 번째로 남들과 비교하는 것보다 분석을 통해서 나의 채널을 개선시켜 나가보세요. 화려한 장비에 화려한 말솜씨로 무장한 채널과 나의 채널을 비교한다면 해야 할 이유보다는 그만둘 이유가 더 커질 수밖에 없습니다. 그보다 그들은 어떤 점을 잘했는지 살펴보고 썸네일이나 제목 혹은 촬영 기법 등을 벤치마킹해보세요. 성장하고 발전하는 채널로 거듭나게 될 테니까요.

    두 번째, 열정 과다로 1일 1영상으로 승부하겠다는 마음보다는 1주에 하나를 올리더라도 정기적으로 꾸준히 발행하는 연습을 해보세요. 참고로 예전의 저처럼 열정 과다로 1일 1영상에 도전했다가 오히려 유튜브를 한동안 내려놓는 분들을 정말 많이 봤습니다. 초보자일수록 언제 영상이 올라올지 모르는 채널을 운영하는 것보다는 정해진 시간에 정기발행하는 것을 목표로 세우세요. 이 방법은 스스로에게도 책임감이 생기고 구독자들에게도 신뢰를 줄 수 있습니다.

    세 번째, 완벽함을 목표로 하면 장비 투자에 손을 대기 시작합니다. 하지만 돈을 쓴다고 해도 아직 그 장비들을 제대로 활용하지도 못하고 원하는 퀄리티를 뽑아내기 어렵습니다. 그래서 더욱 실망이 커지고 장비를 묵혀두거나 중고거래로 되파는 현상이 발생하기도 합니다. 그렇기에 최소한의 장비(참고로 저는 핸드폰 카메라로 촬영하고 1만 원짜리 핀마이크로 2년 동안 끄떡없이 촬영해왔습니다.)로 시작하시고 부족해도 노력해서 점점 나아져 가는 친근한 모습들을 보여주세요. 부족하지만 봐주시는 분들에게도 감사함을 표현한다면 초창기부터 구독하신 분들은 이 채널이 성장해나감을 보면서 흐뭇해할 겁니다. 때로는 부족함이 구독자로 하여금 내가 떡잎부터 알아봤다는 느낌을 줄 수 있도록 팬심을 크게 만들어 주는 역할을 하기도 하니까요. 단, 포기하지만 않으면 됩니다. 대단한 전략보다 때로는 빠른 시작이 여러분을 성장시켜줄 것입니다. 유튜브 채널을 시작하셨다면 고아라TV에 오셔서 책 읽고 유튜브를 시작했다고 댓글 남겨주세요. 제가 꼭 응원 답글 드리겠습니다!

자면서 돈 버는 온라인 강의 판매법

　재능은 있는데 수익화를 못하고 있는 분들이라면 이번 글을 주목해주세요. 지난 글에서 돈이 들어오는 온라인 강의 만드는 법을 알려드렸다면, 이번에는 플랫폼에 여러분의 재능을 등록하기 위한 절차와 판매 방법을 알려드리겠습니다.

　등록을 위해서는 가장 먼저 많은 재능판매 플랫폼 중에서 어느 곳에 가장 먼저 입점할 것인지를 정합니다. 처음부터 여러 군데 모두 등록할 것을 생각하면 부담감으로 인해서 하나의 플랫폼조차 등록을 마치지 못할 수 있습니다. 목표를 구체적으로 잡을수록 성공 확률이 높아지기 때문에 가볍게 하나의 채널을 정해서 여유 있게 시간을 두고 등록을 마쳐볼 것을 권장합니다. 하나의 등록을 끝냈다면 판매 활동 데이터를 바탕으로 더 개선한 상품을 두 번째 플랫폼에 등록해보면 좋겠습니다.

두 번째, 플랫폼 선정을 마쳤다면 다음으로는 어떤 제품을 판매할 것인지 정해야 합니다. 흔히 판매할 수 있는 제품은 2가지로 나뉩니다. 원데이 클래스 같은 강의수강권 혹은 컨설팅 티켓을 판매하거나 전자책, 녹화된 강의 영상을 판매하는 디지털 프로덕트digital product 유형이 있지요. 어떤 것을 판매해볼지 어떤 가격으로 책정할 것인지는 여러분이 정한 카테고리의 상품들을 둘러보고 벤치마킹하면서 적정한 지점을 찾아야 합니다.

세 번째, 플랫폼 등록 안내에 따라 한 단계 한 단계 정보를 입력한 뒤 최종 판매승인 심사를 기다립니다. 때로는 정보가 부족해서 반려되는 경우도 있습니다. 그럴 땐 당황하시지 마시고, 반려 사유로 기재한 부분만 수정해 재심사를 요청합니다. 참고로 플랫폼 판매승인 심사는 평균 3일~7일 정도인 것을 참고해주세요.

마지막으로, 판매가 승인되었다면 승인 즉시 여러분의 상품을 판매할 수 있습니다. 간혹 승인이 되고도 어떻게 판매를 해야 할지 몰라서 고민하는 분들을 위해 몇 가지 소개해 보겠습니다.

가장 기본적으로는 플랫폼 자체의 트래픽을 활용하는 방법입니다. 사용자가 많은 플랫폼이라면 기본적으로 소비자가 내 상품을 볼 수 있는 확률도 많아집니다. 또한 내 상품이 '재테크, 부업'처럼 이미 검색량이 많은 카테고리라면 경쟁은 치열할 수 있지만 그만큼 내 상품을 검색하고 찾아보는 확률도 역시 더 커질 수 있습니다. 이것은 내가 노력해서 홍보하는 것과는 별개로 플랫폼이나 키워드의 자체 트래픽을 활용하는 방법입니다.

그다음으로는 운영하는 SNS나 가입한 커뮤니티를 적극적으로 활용해서 홍보하는 방법입니다. 운영 중인 블로그, 페이스북, 인스타그램, 유튜브, 틱톡, 밴드, 카톡방, 카페 무엇이든 적극적으로 올려서 홍보하는 것이 필요합니다. 왜냐면 어떤 플랫폼에서 판매로 전환될지 모르기 때문에, 티끌 모아 태산이라는 말처럼 최대한 많은 곳에 노출시켜서 홍보하는 것이 필요합니다. 만약 내 플랫폼이 팔로워가 적고 활성화되지 않았다면 아무래도 개인적으로 열심히 홍보를 한다 해도 판매효율을 내기는 어려울 겁니다. 물론 소수의 팔로워라도 그들이 진성 팔로워, 즉 여러분의 팬이라면 조금은 이야기가 달라질 수 있지만요.

이 방법으로도 한계를 느낀다면 조금 더 적극적으로 외부 플랫폼에서 활동하고 홍보하는 노력이 필요합니다. 직접 운영하고 있지 않지만 속해있는 커뮤니티에서 노출시켜야 합니다. 속해있는 커뮤니티가 적다면, 내 상품을 필요로 할 만한 고객들이 어느 커뮤니티에 모여 있을지 생각해보고 카페, 페이스북 그룹, 밴드, 오픈채팅방 등의 커뮤니티 구성원이 되어 자연스럽게 상품을 소개해 나가야 합니다. 때로는 '이런 노력까지 해야 하나'라고 생각할 수 있어요. 하지만 노력은 안 하고 돈을 벌고 싶은 마음은 욕심이겠지요. 판매를 위해서는 이러한 노력이 기본적으로 수반이 되어야 하고 이렇게 전체적인 사이클을 한 번쯤은 돌려봐야 자신만의 판매 노하우가 생기고 그다음 상품도 더 나은 판매 전략으로 시도해볼 수 있겠지요.

마지막으로는 유료 광고를 활용하는 겁니다. 이 부분을 가장 최후의 보루로 생각하는 것이 좋습니다. 왜냐하면 자본이 들어가는 일이기 때문입니다. 앞서 말씀드린 홍보 방법을 사용해보고 어느 정도 판매실적이 생기신 분에게 추천하고 싶습니다. 물론 광고를 사용하지 않고 세일즈 페이지를 고친다든가 상품 제목 변경 혹은 홍보 문구를 바꿔보면서 전환율을 높여가는 것도 좋은 방법입니다. 하지만 돈을 써서 훨씬 많은 사람에게 노출시켜 보고 얼마큼의 전환이 일어나는지를 체크해보고 싶다면 한 번쯤은 광고를 시도해보는 것도 좋습니다. 단, 광고를 하더라도 광고비를 최소한으로 5만 원이나 최대 많게는 10만 원이 넘지 않는 선에서 시도하시길 권장합니다. 그리고 더 안전하게 자신의 사비를 털어서 광고비를 쓴다는 생각보다는 해당 상품을 팔아서 번 돈의 일부를 광고비에 투자한다는 마음으로 도전해보시길 바랍니다.

여러 플랫폼에 판매등록을 해서 많은 돈을 벌겠다는 무리한 목표보다는 한 곳이라도 빨리 입점해서 단돈 만 원이라도 벌어보는 경험이 훨씬 소중합니다. '남들이 돈을 번다고 하니 나도 그만큼의 수익이 날 거야'라는 기대로 시작한다면 과정 속의 노력들이 부질없게 느껴지고 쉽게 포기할 이유가 늘어납니다. 그러니 작은 목표부터 달성해보셨으면 합니다. 다음의 질문을 생각해보세요.

첫째, 많은 재능플랫폼 중 가볍게 입점을 시도할 만한 플랫폼 하나를 고른다면?

둘째, 지금 정한 플랫폼에 가볍게 등록할 만한 나만의 상품은 무엇인가?

(강의수강권, 컨설팅 티켓, pdf 전자책, 녹화된 강의 영상 등)

셋째, 내 상품에 관심을 가질 만한 타깃 고객 (혹은 잠재고객)은 어느 플랫폼에 모여 있을까?

크라우드 펀딩에 성공하는 노하우

펀딩 유형은 크게는 지분투자형, 리워드형이 있으며, 회사의 운영과 개발비용이 필요할 때는 지분투자형을 이용하고 리워드형은 후원자에게 제품을 제공하는 방식입니다. 제품을 받는 리워드형을 다루는 큰 플랫폼에는 와디즈, 텀블벅이 있습니다. 와디즈의 경우엔 지분투자형, 리워드형을 모두 다루고, 텀블벅은 문화 콘텐츠 위주의 리워드형 펀딩을 주로 진행합니다. 펀딩 제품은 정말 다양합니다. 식품, 의류뿐만이 아니라 문화공연 티켓을 판매하거나 영화제작을 위한 펀딩부터 소설 및 독립출판을 지지하는 펀딩도 있습니다.

어느 날, 크몽에서 판매하고 있던 교육용 전자책과 동영상 강의 링크를 펀딩으로 판매해볼 수 있지 않을까 하는 생각이 들었습니다. 처음부터 도전하기에는 와디즈와 텀블벅 같이 큰 플랫폼에서 시도하기가 굉장히 두렵게 느껴졌습니다. 문득 재작년 박람회에서 우연히 명함을 받고 관심을 가졌던 작은 크라우드 펀딩 회사인 오마이컴퍼니가 생각이 났습니다. 사회적 기업으로 환경이나 사회 대한 인식을 개선하는 캠페인의 크라우드 펀딩을 주로 담당하고 있었습니다. 박람회에서 명함을 받고 연락을 해보고 미팅을 갖기로 했다가 바쁜 이유를 핑계로 연락을 멈췄었는데 이참에 다시 입점 미팅을 하기로 했습니다. 당시에는 제가 제시한 전자책이나 영상을 판매하는 교육 컨텐츠 크라우드 펀딩을 처음 시도해보는 것이었습니다. 2주 동안 펀딩모금을 했는데, 안타깝게도 저조한 성적을 거두었습니다. 그런데 지나고 보니 왜 실패할 수밖에 없었는지를 알게 되었습니다. 이런 제 실패를 나눈다면 여러분이 더 나은 시작을 하실 수 있을 거라 확신합니다.

첫 번째 했던 실수는 콘텐츠 특성이 다른 플랫폼을 골랐다는 것입니다. 제가 도전했던 오마이컴퍼니는 아무래도 사회적인 캠페인에 집중되어 있는 펀딩을 위주로 하다 보니 그쪽 분야에 관심이 있는 소비자들이 대다수였습니다. 제가 판매하는 교육 콘텐츠에는 전혀 관심이 없는 분들에게 목소리를 내고 있었던 것이었죠. 즉, 판매할 상대를 전혀 고려하지 않은 전략이었습니다. 그저 도전해보는 것에 의의를 둔 것이었죠. 만약 저처럼 교육 콘텐츠로 크라우드 펀딩에 도전하고 싶은 분들은 와디즈나 텀블벅으로 도전해보는 것을 추천합니다. 요즘은 텀플벅과 와디즈에서 전자책 카테고리를 추가해 크몽처럼 노하우를 판매하는 것이 활성화되어 있습니다. 또한 와디즈에서는 와디즈 스쿨을 통해서 무료로 펀딩 교육을 해주고, 실제 성공 사례자들을 초빙해서 무료 강연을 해줍니다. 다양한 카테고리에서 어떤 성공전략들이 있었는지, 상세페이지 작성법에 대한 노하우도 와디즈 펀딩 개설자라면 모두 무료로 수강이 가능합니다. 처음 시도하는 분들이라면 이런 기회들을 적극 활용해서 펀딩 오픈 전에 충분한 교육을 듣고 난 후 도전하시는 것을 추천드립니다.

두 번째 실수는 소극적으로 홍보한 것입니다. 플랫폼 자체에서 홍보를 해준다는 말을 듣고 '관심 있는 분들은 구매를 하겠지'라는 안일한 생각과 함께 제 플랫폼에 있는 잠재고객들을 대상으로 공지를 띄워둔 것이 전부였습니다. 정말 제 진성 팬이 아니라면 그리고 진성 팬들에게 필요한 상품이 아니라면 굳이 공지만 보고 사야 할 이유는 전혀 없었습니다. 또한 빠듯하게 준비해서 2주라는 타이트한 모금 기간을 잡았는데, 사전부터 홍보를 한 것이 아니라 만들어 놓고 런칭일에 임박해서 공지에 가까운 홍보를 했습니다. 참고로 크라우드 펀딩은 모집 기간을 여유 있게 둡니다. 최소 2주에서 길게는 한 달 정도인데요. 그 기간 동안에는 최대한 홍보에 집중해야 합니다. 펀딩을 적극적으로 활용하는 분들은 판매 페이지만 띄워두는 것이 아니라 펀딩을 준비하는 과정을 모두 콘텐츠로 만들면서 홍보를 합니다. 또한 펀딩에 참여하는 분들에게도 지금 어느 정도 준비가 되어가고 있는지를 중간중간에 계속 공유를 해주어야 합니다.

세 번째 실수는 있어 보이게 만드는 데 집중한 것입니다. 사실 상세페이지에서 중요한 것은 제작자의 시각에서 있어 보이는 디자인이 아니라 소비자 시각에서 제품에 대한 이해가 쉬운지, 매력적으로 보이는지입니다. 당시 제 입장에서는 무형의 상품을 유형의 상품처럼 느낄 수 있게 전자책이지만 책 모양처럼 목업을 만들었고 영상도 CD에 담겨져 있는 이미지로 보여주는 노력을 했습니다. 하지만 이미지 자체는 굉장히 있어 보였지만, 소비자에게 이것이 과연 필요한 것인지는 충분히 설명하지 못했습니다. 점점 공부할수록 알게 된 것은 상세페이지는 예쁘게 만드는 것이 아니라 이해하기 쉬운 직관적인 페이지를 만들어야 한다는 것입니다. 그러면 적어도 소비자들이 상품을 이해하지 못해서 바로 페이지를 이탈하는 낭패는 면할 수가 있으니까요.

마지막 실수는 명분이 없다는 것이었습니다. 명분은 일부러 만들 수는 있지만 실제로 좋은 제품을 만들고 싶은데 정말 경제적으로 여건이 안 돼서 작업을 진행하지 못하는 경우나 사회적 캠페인처럼 사회에 좋은 영향을 주기 위해서 실행하는 경우 혹은 다른 곳에서는 하지 않았는데 특별히 여기서 진행한다는 식의 뚜렷한 이유가 있어야 합니다. 당시에 저는 크몽에서 판매 중인 상품을 그대로 가져와 판매했고, 펀딩을 해야 하는 이유를 억지스럽게 끼워 맞췄습니다. 냉정하게 말하자면 굳이 사야 할 이유조차 없었던 것이죠. 그렇다고 반드시 사회에 좋은 영향력을 끼치는 대의명분이나 제작에 어려움을 겪는 이유를 명분으로 내세울 필요는 없습니다. 다만, 고객이 필요함을 느낄 수 있는 충분한 이유를 찾아낸다면 제품 판매에 큰 도움이 될 것입니다.

최적의 수익 파이프라인 만들기

안정적인 수익 파이프라인을 만들기 위해서 최소한 3가지 요소가 필요합니다. 그것은 바로 채널, 커뮤니티, 상품입니다. 자신만의 콘텐츠 주제를 정했다면 가장 기본적으로 사람들과 접촉할 수 있는 채널이 있어야 합니다. 블로그, 인스타그램, 틱톡, 페이스북, 팟캐스트, 유튜브 등 어떤 채널이든 상관없습니다. 여러 채널을 동시에 운영하면 좋겠지만 아직 채널을 운영할 기초체력이 없는 상태라면 가장 먼저 온라인에서 사람들과 관계를 맺고 싶은 채널 하나를 선택하세요. 단, 중요한 것이 있습니다. '채널을 운영하는 목적과 방향성을 어떻게 설정하는

가'입니다. 단순히 사람들과 소통하기 위해 만드는 분도 있겠지만 아마 대부분은 채널을 통한 수익화를 목적으로 두게 됩니다. 그런데 바로 수익과 직결된다는 생각보다는 잠재고객과 만날 수 있는 소통의 창구로 운영하는 것을 권장합니다. 그 외에 채널 자체에서 나오는 수익도 있겠지요. 하지만 그것을 주목적으로 하기보다는 내 상품을 소비할 만한 잠재고객들을 미리 접촉하는 창구로, 소통의 의미로 여기는 겁니다. 분명 운영하면서 더 밀접한 소통을 원하는 분들이 생겨날 텐데요. 그런 분들을 위한 커뮤니티가 필요합니다. 커뮤니티는 단톡방 또는 밴드, 크게는 카페가 될 수 있습니다. 간단하면서도 쉽게 접근 가능한 단톡방을 먼저 운영해보는 것을 권장합니다.

하루는 1인 기업으로 부동산 중개업을 하시는 A 사장님이 제게 고민을 털어놓으셨습니다. 참고로 연배가 있으시지만 SNS를 배우고 여러 강의를 들으면서 시대 흐름을 놓치지 않으려고 열심히 배우고 적용하려는 분이었습니다. 블로그를 살펴보았습니다. 매물에 대한 정보가 마치 전단지처럼 도배되어 있었고, 각 게시물마다 카카오톡 아이디를 적고 언제든 1:1 상담을 할 수 있다는 멘트를 적었습니다. 키워드 노출이 잘 돼서 방문자 수는 많으나 노력 대비 상담 신청 건수는 매우 적었습니다. 위에서 말한 파이프라인 연결에 필요한 세 요소 중에 A 사장님은 '채널, 커뮤니티, 상품'은 모두 있는 상태였습니다.

여러분도 한번 생각해보세요. 과연 무엇을 고쳐야 이 파이프라인이 매끄럽게 연결이 될 수 있을까요? 채널의 목적을 잘 상기해본다면 이것을 해결하는 데 도움이 될 것입니다. 이분에게 블로그의 운영 목적을 '잠재고객과 만날 수 있는 소통의 창구'로 정하도록 권유했습니다. 물론 매물을 훑어보고 직접 연락을 주시는 분도 있겠지요. 하지만 신뢰감이 없는 상태에서 블로그에 올려진 매물을 보고 연락해서 계약하는 분들은 거의 없을 겁니다. 따라서 잠재고객들의 의심을 허물수 있도록 신뢰감을 주며 소통할 수 있는 창구로 블로그를 운영하는 것이 필요했던 것이죠. 소통이라 하면 댓글에 답글을 남기는 것도 소통이지만, 운영적인 면에서의 소통은 잠재고객들에게 필요한 정보를 제공하여 궁금증을 해소할 수 있게 도와주는 데에 의미가 있습니다. 따라서 타깃층에 대한 이해를 통해 그들의 궁금증을 해결해주는 블로그를 운영한다면, 훨씬 더 신뢰감을 줄 수 있습니다. A 사장님께 전문가 입장에서 매물을 살펴볼 때 소비자는 잘 모르는 혹은 반드시 주의해야 할 사항을 알려주는 칼럼을 적을 것을 요청드렸습니다. 그래서 매물 카테고리와 별도로 칼럼 카테고리를 추가해서 글과 함께 신뢰를 쌓아나가실 것을 말씀드렸죠. 여러분도 만약 운영하는 채널이 있다면 다음의 질문을 스스로에게 던져보면 좋겠습니다.

나는 내 채널에서 어떠한 가치 있는 정보를 주고 있는가?

그 정보는 꾸준하게 발행되고 있는가?

채널에서는 가치 있는 정보를 지속적으로 배포해야 하고, 커뮤니티에서는 정보에 대해서 함께 나눌 수 있는 문화가 있어야 하며, 처음 접하는 사람들도 쉽게 접근 가능한 저가 상품 혹은 서비스가 있어야 합니다. 간혹 채널을 운영할 때 콘텐츠 만드는 데 집중하느라 다음 커뮤니티로 연결되게 다리를 설치하는 것을 잊곤 합니다. 간혹 유튜브 콘텐츠가 너무 좋아서 더 깊게 정보를 알아보고 싶은 마음에 영상 설명을 클릭해봤는데, 커뮤니티나 이메일, 심지어 블로그 주소조차 없이 '구독과 좋아요 부탁드립니다'라는 말만 적혀져 있는 경우가 있습니다. 이러면 어망 사이가 너무 넓어서 물고기가 다 빠져나가겠지요. 설령 영상 맨 끝에 커뮤니티 안내를 해놓았다고 하더라도 영상을 끝까지 보지 않거나 주의 깊게 보지 않는 분들은 모두 다른 채널로 향하고 맙니다. 영상뿐만 아니라 블로그 글에도 정보는 잘 전달해놓고 마지막 밑에 내용이 더 궁금하거나 문의를 하고 싶은 분들을 위한 커뮤니티에 대한 안내를 하지 않는 분들이 있습니다. 어쩌면 콘텐츠 제작자에게는 귀찮을 수도 있지만 이 귀찮음 때문에 정작 콘텐츠 제작에 힘을 쏟은 만큼의 소득이 없을 수 있습니다.

만약 하나의 콘텐츠로 여러 채널을 동시에 운영하는 분들이라면 어떤 채널에서도 동일한 커뮤니티로 향할 수 있게 안내하는 것이 중요합니다. 유튜브에서는 이메일로 안내를 해두고, 블로그에서는 카카오톡 아이디를 알려주고 있다면, 고객을 관리하는 것도 힘들뿐더러, 정보를 일괄적으로 주기도 힘들겠지요. 또한 소홀히 관리하는 부분에서 놓치는 경우도 생길 수 있습니다.

커뮤니티의 경우 멤버십 커뮤니티가 있고, 오픈형 커뮤니티가 있습니다. 멤버십 커뮤니티는 이용료를 지불한 분들만 모이는 특성을 가집니다. 예를 들어, 강의를 들은 분들에 한해서 모이게 하거나 월 이용료를 지불해서 상품을 사용하는 사람들만 모인 경우가 되겠습니다. 장점은 문화에 자발적으로 동참하는 분들이 모였기 때문에 진성의 팬이 많으며 재구매 확률이 높습니다. 하지만 플랫폼에 많은 사람들이 모이기까지는 오랜 시간이 소요될 수 있다는 단점도 있습니다. 반면 오픈형 커뮤니티는 누구나 참여가 가능하기 때문에 접근성이 쉬워서 빠르게 사람을 모을 수 있다는 장점이 있습니다. 하지만 매니아 층에 비해서는 재구매 확률이 떨어집니다. 2가지 모두 장단점이 있기 때문에 자신의 상황에 맞게 활용하면 좋겠습니다.

만약 3가지 요소 중에 상품이 없다면, 우선적으로 채널을 키우는 것에 집중해보세요. 채널에서 콘텐츠를 소비하는 사람들이 많아져야 그만큼 커뮤니티로 유입되는 사람들이 늘어날 테니까요. 그런 다음 커뮤니티 사람들이 어느 정도 모이게 되면 어떤 상품을 만들어야 좋을지, 내 메시지에 공감해 주는 분들께 직접 어떤 것이 필요한지를 물어보는 것입니다. 그렇게 모인 목소리에 귀를 기울이다 보면 강의부터, 컨설팅까지 이어지게 되고 추후 경험이 쌓이면 출판까지 이어지질 수도 있답니다.

퍼스널 브랜딩의 끝판왕, 책 쓰기

    1인 기업을 하면서 다양한 강의를 했습니다. 일대일 강의부터 많게는 100명 가까이 되는 인원 앞에서 강의를 했는데요. 그때마다 느낀 점은 뭔가 2% 아쉽다는 점이었습니다. 그 이유가 무엇인지는 정확히 몰랐기에 어림짐작으로 아직 나이가 어려서 사람들에게 강사로서 신뢰감이 별로 없는 건가 생각했습니다. 그래서 조금 더 성숙해 보이려고 재킷을 걸치기도 했고, 여유 있게 말을 해보거나 제스처를 크게 하기도 했습니다. 하지만 점차 시간이 지나도 아쉬운 점은 해결되지 않았습니다.

    강의를 시작하기 전에 강사 소개를 할 때 초창기에 출간했던 전자책을 언급했지만 정식으로 출판사에서 책을 낸 것이 아니기 때문에 작가라고 떳떳하게 말하지도 못했죠. 그러다가 한 외부기관 초청으로 강의를 하게 되었습니다. 사전에 강사 이력서를 적는데 주요 저서를 적는 칸이 있더군요. '아, 이렇게 대외적으로도 인정을 받으려면 책이라는 것은 꼭 필요하구나'라는 것을 절실히 느낄 수 있었습니다. 하지만 전자책 작가라는 타이틀의 한계성을 느꼈던 저로서는 주요 저서를 공란으로 제출해야 했습니다. 강의 날짜가 다가오면서 수강생 모집 포스터에 강사진들의 소개란을 보았습니다. 하필 저는 가운데였고 제 양쪽에 있는 강사님들께서는 모두 베스트셀러 작가이셨습니다. 한편으로는 굉장히 위축되었지만, 책을 꼭 내고야 말겠다는 확고한 결심을 한 계기가 되었습니다.

요즘 작가의 꿈을 가진 분들이 POD출판(Publish On Demand)이라 불리는 주문 제작형 출판 또는 자비출판으로 소책자나 전자책을 출간하는 비중이 늘고 있습니다. 자비출판과 출판사로를 통한 기획출판이 어떻게 차이가 있는지 장단점을 소개해 볼까 합니다.

첫째, POD출판(자가출판)은 혼자서도 쉽게 책을 만들어 볼 수 있다는 점에서 접근성이 뛰어나고, 인세가 높다는 장점이 있습니다. 부크크(www.bookk.co.kr)는 자가출판 플랫폼의 대표적인 사이트입니다. 전자책 인세는 70%이며 종이책 인세는 경우에 따라 다르지만 30% 미만입니다. 보통 출판사와 계약하는 신인 작가의 인세가 10% 이하인 것과 비교하면 자가출판이 훨씬 이득처럼 보입니다. 하지만 혼자서 간단히 제작하고 편집하는 자가출판의 퀄리티는 기획출판에 비하면 현저히 낮습니다. 왜냐하면 기획출판은 말 그대로 출판사와 방향성을 함께 논의하고 원고를 다듬고 완성하는 긴 시간을 보냅니다. 또한 편집이며 디자인 전문가들과 함께 작업하기 때문에 완성도는 정말 큰 차이가 날 수밖에 없습니다. 그리고 가장 중요한 것은 자가출판은 온라인으로밖에 판매가 안 되지만, 출판사를 통하면 출간과 동시에 전국 대형 서점에 내 책을 판매할 수 있기 때문에 인지도에서도 차이가 나게 됩니다.

전문직, 특히 1인 기업가에게는 자신을 알릴 수 있는 제대로 된 책 한 권이 반드시 필요합니다. 경력이 어느 정도 있어도 책 한 권이 없다면 대외적인 인지도는 거의 없는 것과 같습니다. 반대로 이미 책을 쓴 작가님들의 이야기를 들어보면 책을 쓰면 그동안 겪지 못했던 새로운 문이 열린다고 합니다. 내가 기존에 접했던 사람들 외에도 책을 통해서 많은 분과 소통할 수 있고, 새로운 인연들을 만나면서 많은 기회를 창출할 수 있다고 말이죠. 책은 다른 사람들을 만날 수 있게 이어주는 다리이자 명분이 됩니다. 저 역시 이 책을 통해서 제 이야기를 소중하게 생각해주시는 분들과 인연을 맺고 싶은 마음입니다.

그렇다면 책은 언제 써야 할까요? 이제 막 시작하는 1인 기업가가 '나는 아직 전문가가 아닌데'라는 생각으로 강의를 미루는 것처럼, 책 쓰기도 '나는 아직 충분한 경험을 하지 못했는데'라며 섣부른 판단을 해버립니다. 하지만 이렇게 생각해보셨으면 좋겠습니다. 익은 만큼만 나눈다. 직장 신입 1년 차가 이제 막 입사한 신입을 가르칠 수 없을까요? 회사 용품들은 어떻게 요청하는지, 보고서 양식은 어떻게 작성하는지, 무슨 요일 몇 시에 회의를 하는지, 각 팀별 성격은 어떤지, 협업 요청은 어떻게 하는지, 회사 메신저는 어떻게 활용하는지 등 알려줄 것들로 넘쳐 납니다. 따라서 '책을 언제쯤 써야 한다'보다는 이 이야기를 '언제쯤 나누고 싶은지'를 고민해 보세요.

책을 써야지 마음을 먹으면 이것도 써보고 싶고 저것도 써보고 싶다는 생각이 듭니다. 그런데 하고 싶은 이야기와 할 수 있는 이야기는 다릅니다. 할 수 있는 이야기에는 힘이 있습니다. 할 수 있다는 것은 충분한 경험을 근거로 했기 때문이지요. 여러 소재 중에서 내가 가장 들려줄 수 있는 이야기가 무엇인지 생각해보고 글로 표현해보세요.

요즘 시대에 글을 잘 쓰는 것은 큰 장점이긴 합니다. 하지만 필력보다 중요한 것은 콘셉트입니다. 콘셉트는 주제 키워드, 제목, 목차 등 여러 가지로 표현할 수 있는데요. 아무리 잘 쓴 글도 콘셉트가 좋지 않으면 팔리지 않습니다. 그래서 글을 가볍게 쓰더라도 콘셉트를 잘 살리는 기획이 훨씬 중요합니다. 따라서 책을 내기 위해서 글만 쓰는 것보다 글을 쓰는 과정에서 콘셉트가 명확한 출간 기획서를 만들고 투고를 해보세요. 내가 현재 준비하고 있는 글이 충분히 시장성이 있는지 출판사에 미리 확인을 하면 시간과 에너지를 절약할 수 있으니까요.

혹시 책을 쓰고 싶다는 생각을 평소에 하고 있다면 다음과 같이 준비해보세요. 우선 쓰고 싶은 주제에 대해서 블로그에 꾸준히 연재하는 것입니다. 출간을 하기도 전에 내용을 오픈하면 안 되지 않냐고요? 걱정하지 마세요. 정식으로 책을 쓰기 시작하면 글은 수정과 각색을 통해서 새롭게 재탄생됩니다. 그러니 블로그는 밑그림을 그린다는 생각으로 가볍게 적어나가시면 좋겠네요. 이것은 글쓰기 훈련이 될 뿐만이 아니라, 스스로 책을 써낼 수 있는 체력이 된다는 것을 증명하는 데도 도움이 됩니다.

더 나아가서 어느 정도 글이 쌓였다면 '브런치'라는 작가 플랫폼에 도전도 해보세요. 브런치 작가라는 타이틀은 출판사에게 어필할 수 있는 좋은 스펙이 됩니다. 왜냐하면 브런치에서는 아무나 작가가 될 수 없기 때문입니다. 소재의 참신함 혹은 필력으로 승인받은 사람들이 작가로서 활동을 하기 때문이죠. '브런치 고시'라고 할 만큼 10번 이상 도전하는 분들도 많으니 블로그에서 체력을 기르면서 천천히 도전해보시는 것도 좋겠습니다. 이미 블로그에 글을 연재하고 있다면 출간 제안서를 만들어 출판사에 바로 투고해보세요.

마지막으로 내 주변 사람들만 나를 알고 실제로 나의 존재 여부를 아무도 몰라 실무에서 뛸 수 있는 기회가 확장되지 않아 고민인 분들, '나를 어떻게 알릴 것인가'가 고민이라면 반드시 책을 내셔서 더 많은 사람에게 인정받는 기회를 만들어 내셨으면 좋겠습니다.

에필로그

글을 마무리할 때즈음 친구로부터 전화 한 통을 받았습니다.
"아라야, 요즘 하는 일은 잘 돼가?"
무언가 하소연할 거리가 있다는 것을 직감했습니다. 이야기를 들어보니 지금 다니는 회사에 대한 고민이었습니다. 회사는 점점 인원을 감축시켜나가고 있고, 곧이어 격주로 돌아가면서 주말 근무를 시작할 예정이었습니다. 그래도 먹고 살아야 하니 회사를 어쩔 수 없이 다니긴 하지만, 다른 회사로 옮기더라도 상황이 지금보다 크게 좋지는 않을 것 같다는 말을 합니다.
"아라 너는 네가 좋아하는 일을 찾아서 하고 있는데, 나는 지금까지도 내가 좋아하는 것이 뭔지도 모르겠어. 그렇다고 지금 와서 찾자니 막막하네."

마침 책에 쓴 내용을 바탕으로 친구의 장점과 재능을 찾아보기 시작했습니다. 예전에 활용했었지만 죽어있던 블로그가 있었고, 이전에 영상편집을 좋아했던 잔상이 남아있었으며, 아버지가 판매하시는 컨테이너를 온라인으로 홍보해본 경험을 찾아내었습니다. 결론 끝에 친구는 아버지가 하시는 사업을 홍보하는 영상을 만들어서 블로그와 유튜브에 콘텐츠를 올려보기로 했습니다. 그뿐 아니라 회사에 다니면서 안전하게 자신이 하고 싶은 분야를 살려보기로 선택을 하고 나니 답답하고 불안하기만 했던 회사가 오히려 하고 싶은 일을 하게 도와주는 고마운 곳으로 느껴졌습니다. 처음에 무겁게 가라앉았던 친구의 목소리는 이내 긴장감과 설렘으로 떨렸습니다.

많은 분들이 자신을 제대로 바라볼 여유조차 없는 삶을 살고 있습니다. 그런 의미에서 이 책은 스스로를 돌아보고 무심코 지나친 경험들과 생각의 조각들을 하나씩 맞춰볼 수 있는 계기가 될 것입니다.

5년 후, 10년 후 여러분의 직업은 어떻게 변할까요? 한 경제 지표에 따르면 현재 미국의 프리랜서 인력은 전체 인구의 40% 가까이 차지하며, 2027년에는 전체 미국인의 절반 정도가 프리랜서로 일할 전망이라고 합니다. 우리나라 역시 그 흐름을 따라

가고 있습니다. 1인 기업가는 머지않아 훨씬 주목받는 직업이 될 거라 생각합니다. 저 역시 직장에 다닐 때 앞서가는 분들의 책을 읽으며 사무실 없이 자유롭게 일하는 삶을 동경했습니다. 실제로 그게 현실이 되었습니다. 이 책은 현실적으로 여러분의 꿈을 실행에 옮기도록 단계별로 접근할 수 있게 도울 것입니다.

　이 책을 보고 느낀 점들을 온라인상에 어떤 방식으로든 나눠주세요. 해시태그나 검색어를 통해서라도 독자님과의 소통을 이어나가겠습니다. 더 나아가 독자님과 가깝게 만나고, 도움을 드릴 수 있게 다양한 자리를 마련하겠습니다. 더 당당하게 자신을 아끼고 사랑하며 즐겁게 일하고 싶은 독자님이 계시다면 주변에 이 책을 선물해주세요. 저 역시 최선을 다해서 많은 독자님과 소통하고 도움을 드릴 수 있는 방법을 찾아서 피드백하겠습니다.

　진심으로 저를 아껴주는 사랑하는 가족, 삶과 사업에서 지혜를 주시는 신태순 작가님, 함께할 수 있어 감사하고 든든한 순간랩 팀원 자유리, 수웩, 왈 그리고 곁에서 무한한 신뢰를 주는 친구들에게 감사합니다. 그리고 이 책을 읽어주신 독자님께 진심으로 감사드립니다. 이 책을 통해 누군가에 의해 통제받는 삶이 아니라 하고 싶은 일을 꿈꾸고 실현해나가는 삶을 만들어나가시길 진심으로 응원합니다.

밀레니얼 세대가 돈 버는 법

초판 1쇄 발행 2022년 3월 5일

지은이 고아라
펴낸이 정혜윤
디자인 김윤남
펴낸곳 SISO

주소 경기도 고양시 일산서구 일산로635번길 32-19
출판등록 2015년 01월 08일 제 2015-000007호
전화 031-915-6236
팩스 031-5171-2365
이메일 siso@sisobooks.com

ISBN 979-11-89533-95-3 03190